식약방 食藥房

'먹는 공부' 캠페인을 시작하며…

1985년 교수임용을 받고 어느새 삼십 년의 세월이 흘렀습니다. 제자들이 커서 동료 교수가 되었고, 달랑 대학원생 두 명을 데리고 시작한 실험실은 20여 명이 넘는 박사와 석사 연구원들이 밤낮으로 불을 밝히는 연구실이 되었습니다.

삼십 년 전, 우리 국민 1인당 국민소득은 겨우 2,000달러가 넘었고 쌀이 부족하여 혼분식장려운동을 벌였습니다. 빈혈과 같은 영양부족으로 인한 실병을 앓는 사람이 많았고 평균수명도 지금보다 무려 15년이나 짧았습니다. 하지만 지금은 영양과잉으로 초래된 비만, 심혈관계질환, 당뇨병 등이 사회적 문제로 대두되는 시대가 되었습니다. TV 프로그램마다 소위 말하는 '먹방'이 인기를 끌고 요리하는 셰프가 아이돌 가수 같은 스타가 되었습니다.

그러나 이러한 음식에 대한 관심과, 영양 건강 정보의 홍수 속에서 오히려 한국인의 질병 발병률은 점점 더 높아지고 있는 실정입니다. 잘못된 식생활 때문에 발병하는 대표적인 질환인 당뇨병환자 수는 무려 1,000만 명에 육박하여 '당뇨대란'이라는 말이 나오기도 하지만 당뇨병환자 가운데는 자신이 당뇨인지 모르는 사람이 절반이나 될 정도로 관리는 부실한 형편입니다. 암을 비롯한 대부분의 질병은 잘못된 식습관을 고치고 평소 식생활 관리만 잘하여도 미리 예방할 수 있으며, 좋은 치료 효과를 낼 수 있습니다.

좋은 건강으로 삶의 질을 높이려면 수학 공식을 외우듯, 영어

단어를 익히듯, 우리가 매일 먹는 식품이 가진 영양소를 알고 우리 몸을 건강하게 해주는 식품을 올바로 챙겨 먹는 노력을 기울여야 합니다. 그러나 평생을 건강하게 살기 위해 '먹는 공부'를 하는 사람은 많지 않습니다. 먹는 일도 운동이나 외국어처럼 부지런히 배우고 익혀야 합니다. 세 살 버릇이 여든까지 가는 것처럼 세 살 건강이 여든까지 가는 것이기에 '먹는 공부'는 일찍 시작할수록 좋습니다.

1991년 미국에서는 비만 인구와 암 발생의 증가, 그리고 이로 인한 의료비의 과중한 부담을 줄이기 위해 범국민 식생활개선 운동을 실시하였습니다. 미국국립암연구소, 암학회, 비영리소비자재단, 자원봉사단체, 식품업계가 동참하여 '5COLORS A DAY(하루에 다섯 가지 컬러 식품 먹기)' 캠페인을 벌였고 그 결과 암 발병률이 낮아지고 국민의 건강지표가 개선되는 결과가 나타났습니다. 이후 '하루에 다섯 가지 컬러 식품 먹기' 운동은 영국, 캐나다, 일본을 비롯한 전 세계로 확산되었습니다.

빨강, 노랑, 초록, 검정, 하얀색 등 채소와 과일이 가진 특징적인 색에는 파이토케미컬(phytochemical)이라는 식물이 스스로 보호하기 위해 만들어 내는 방어물질이 들어 있습니다. 우리가 익히 알고 있는 영양소인 탄수화물, 단백질, 지방, 비타민, 무기질과는 전혀 다른 물질로 '제7의 영양소'로 불리는 파이토케미컬은 암을 예방하고 건강을 유지하는 데 큰 도움을 줍니다.

지난 일 년 간, 안식년을 보내며 연구실 제자들과 두 가지 일을 벌였습니다. 하나는 보존제나 색소, 향미제 등 인공첨가제를 넣지 않은 영양 간편식을 개발하는 것이었고, 또 하나는 5가지 컬러를 가진 식품들의 영양과 기능을 알기 쉽게 정리하여 책을 내는 일이었습니다. 박사 논문을 쓰는 것 만큼이나 힘든 과정을 거쳐 '엄마기준' 제품 출시와 '먹는 공부'책 《식약방(食藥房)》 출간의 두 가지 결실을 얻었습니다.

두 아이를 키우며 워킹맘으로 살아오면서 가장 힘들었던 것은 아이를 '먹이는 일'이었습니다. '엄마기준'은 바쁜 엄마들을 위해 '사서 먹지만 집에서 엄마가 만드는 것과 같이 안전하고 영양가 높은 제품'을 한 번 만들어 보자는 생각에서 이마트와 함께 시작한 프로젝트입니다. 이름 그대로 사용하는 식재료부터 패키지 성분까지 모든 과정을 가족의 건강을 생각하는 엄마들의 안목과 기준으로 꼼꼼히 따져가며 만들었습니다. 《식약방》에는 우리 몸을 건강하게 유지하고 활력을 주는 5가지 컬러 식품의 영양과, 이를 이용한 음식 만드는 법을 적었습니다.

음식이 보약입니다.

밥상의 새로운 기준을 열어 갈 '엄마기준'과 《식약방》을 통해 우리나라 온 국민이 건강하고 행복해지길 바라는 마음입니다.

새 봄을 기다리며,
대표저자 한영실

 차례

'먹는 공부' 캠페인을 시작하며… 3

PART ❶ 식약방食藥房 식품 사전

Red

빨간색 식품의 영양과 효능 14

러브 애플, **토마토** 16

피부미용에 최고, **딸기** 17

학습능력을 높여 주는, **사과** 18

혈액을 깨끗하게 해주는, **팥** 19

간의 해독을 돕는, **비트** 20

숙취 해소엔, **수박** 21

천연의 신경안정제, **대추** 22

피부를 희게 하는, **파프리카** 23

다이어트에 효과 만점, **붉은 고추** 24

피로를 물리치는, **오미자** 25

Yellow

노란색 식품의 영양과 효능 26

눈을 보호하는, **당근** 28

암과 심장질환을 예방하는, **단호박** 29

스트레스를 없애주는, **귤** 30

고혈압을 예방하는, **고구마** 31

피로회복제, **유자** 32

칼로리 낮은 다이어트 식품, **옥수수** 33

장 건강에 좋은, **차조** 34

비타민 C의 왕, **레몬** 35

눈 건강에는, **감** 36

머리를 좋게 하는, **호두** 37

Green

초록색 식품의 영양과 효능 38

치매 예방에 도움을 주는, **시금치** 40

천연소화제, **쑥** 41

암을 막아주는 식품, **브로콜리** 42

고기요리에는, **키위** 43

탈모를 예방하는, **녹차** 44

독을 없애는, **매실** 45

미인의 향기, **오이** 46

채소의 왕, **부추** 47

잠을 잘 오게 하는, **상추** 48

위암을 예방하는, **깻잎** 49

White

하얀색 식품의 영양과 효능 50

위장을 보호하는, **감자** 52

원기를 회복시켜 주는, **양파** 53

당뇨병을 예방하는, **무** 54

소화를 잘 되게 하는, **배** 55

장수의 상징, **연근** 56

위궤양을 예방하는, **양배추** 57

중금속을 해독하는, **마늘** 58

변비 해소에는, **우엉** 59

기관지를 보호하는, **도라지** 60

면역력을 높여 주는, **율무** 61

Black

검은색 식품의 영양과 효능 62

콜레스테롤 청소부, **검은콩** 64

천연의 포도당 주사, **포도** 65

시력저하를 막는, **블루베리** 66

암과 신경통을 예방하는, **가지** 67

성장기 아이들의 필수식품, **흑미** 68

혈관 튼튼, **메밀** 69

설사를 멎게 하는, **도토리** 70

자양강장제, **복분자** 71

산에서 나는 쇠고기, **고사리** 72

간을 보호하는, **결명자** 73

PART ❷ 식약방食藥房 요리 사전

빨간색 식품으로 만든 건강음식

토마토새우볶음밥 76 토마토부르스케타 78

토마토수프 80 딸기타르트 82

딸기슬러시 84 딸기카나페 86

사과탕수육 88 봄동사과겉절이 90

사과호두샐러드 92 팥죽 94

찹쌀팥떡 96 팥젤리 98

비트오이피클 100 비트수프 102

비트찰떡 104

노란색 식품으로 만든 건강음식

당근머핀 106   당근피클 108
당근파인애플볶음밥 110   단호박수프 112
단호박찰밥 114   단호박꿀조림 116
귤연두부샐러드 118   귤잼 120
귤컵케이크 122   고구마스무디 124
고구마옥수수전 126   고구마맛탕 128
유자주머니 130   유자스콘 132
유자삼치구이 134

초록색 식품으로 만든 건강음식

시금치수프 136   시금치조개된장국 138
시금치잡채 140   쑥영양밥 142
쑥버무리 144   애탕 146
키위잼 148   키위케일주스 150
키위샐러드 152   브로콜리덮밥 154
브로콜리달걀말이 156   브로콜리샐러드 158
녹차양갱 160   녹차약식 162
녹차죽 164

하얀색 식품으로 만든 건강음식

감자수프 166   감자옹심이미역국 168
감자부추전 170   양파피클 172

양파수프 174 양파토마토소박이 176
무장조림 178 무나물밥 180
무왁저지 182 배물김치 184
배도라지차 186 배편육냉채 188
연근채소전 190 연근주먹밥 192
연근잔멸치조림 194

검은색 식품으로 만든 건강음식

검은콩국수 196 검은콩곤약조림 198
검은콩쿠키 200 포도펀치 202
포도오이무침 204 포도과편 206
블루베리잼 208 블루베리스무디 210
블루베리팬케이크 212 가지볶음밥 214
가지소박이 216 가지전 218
흑미누룽지탕 220 흑미영양찰떡 222
흑미샐러드 224

PART ❸ 식약방食藥房 마트

참고문헌 238
찾아보기 250

PART ❶

식약방食藥房
식품 사전

빨간색 식품의 영양과 효능

Red

빨간색 식품은 강력한 항산화 기능이 있어 암, 심혈관계질환,
골다공증을 예방하고 면역력을 높여 준다.

빨간색 과일과 채소에 들어 있는 대표적인 성분은
라이코펜 lycopene과 엘라그산 ellagic acid, 안토시아닌 anthocyanin이다.

여러 연구에 따르면 토마토와 수박에 들어 있는 붉은색
색소인 라이코펜은 노화를 막아주고, 동맥경화와
고혈압 등의 만성질환 예방 및 전립선 건강에
도움이 되는 것으로 보고되었다.

토마토가 들어간 음식을 주 5회 이상
섭취하는 남성은 전립선암 위험도가 감소하였다는
연구 결과가 있다.[1] 엘라그산은 라즈베리, 딸기, 크랜베리 및
석류에 들어 있는데, 노화를 늦추는 것으로 알려졌다.[2]

미국 농무부와 보건후생부는 '만성질환 예방을 위한 식이지침'을
발표하며 항산화제의 중요성을 알리고, 우수한 항산화제인
과일과 채소의 섭취를 늘릴 것을 권장하고 있다.

PART 1 식약방食藥房 식품 사전

토마토

딸기

파프리카

팥

대추

비트

사과

수박

오미자

고추

토마토

러브 애플, 토마토　　토마토는 혈관을 튼튼하게 하고 정력을 좋게 하여 영국에서는 러브 애플이라고 불렀다. 그래서 청교도혁명 이후 크롬웰 공화국에서는 정력에 좋은 토마토를 먹는 것은 쾌락을 추구하는 사회 분위기를 만든다고 하여 토마토 재배 금지령까지 내렸다.

전립선암을 예방하는 토마토　　육류와 지방 섭취가 증가함에 따라 발병률이 가장 증가하고 있는 암이 전립선암이다. 붉은색을 내는 라이코펜성분은 뛰어난 항암제로 알려진 베타카로틴보다 2배나 높은 항암효과를 나타낸다. 또 노화방지, 심혈관계질환 예방, 항산화효과,[3] 항암효과[4] 등의 효능이 알려져 있다. 미국 하버드대 연구팀은 토마토를 일주일에 10회 이상 먹은 남성이 그렇지 않은 남성보다 전립선암이 발생할 확률이 45%나 낮았다는 임상결과를 발표했다.

다이어트에도, 스트레스 해소에도 굿　　토마토는 다른 과일에 비해 칼로리가 월등히 낮아(토마토 큰 것 1개(250g)가 50kcal) 비만을 예방하고 다이어트에 도움이 되는 식품이다. 토마토에는 비타민 C(1개(250g)에 50mg 정도)도 하루 섭취권장량의 절반가량 들어 있어 면역력 증강과 스트레스 해소에 도움이 되는 식품이다.

딸기

우울증과 통증을 잊게 해주는 딸기   딸기는 예로부터 서양에서 우울증, 염증, 통풍 등의 질환에 좋다고 알려져 있는데, 이는 소염 진통효과가 탁월한 메탈살리실산 metal salicyclic acid이 풍부하게 들어 있기 때문이다.[5]

피부미용에도 최고   딸기에는 비타민 C가 100g 중에 80mg 정도로 풍부하게 함유되어 있어 체내에 콜라겐 생성을 도와 피부의 탄력을 유지하는 데 도움을 주고, 노화 예방에도 효과적이다.[6] 딸기에 다량으로 함유된 엘라그산 ellagic acid은 항암효과와 항산화효과는 물론 피부 내 콜라겐이 파괴되어 염증을 일으키는 것을 억제하는 효과가 뛰어나 피부노화 예방과 미용에 효과적이다.

딸기는 우유와 함께   딸기는 비타민 C가 많지만 상대적으로 단백질이나 지방이 부족하므로 딸기를 먹을 때 우유와 함께 먹으면 단백질과 지방이 보강되어 영양의 균형을 이룰 수 있다. 딸기는 설탕을 뿌리지 않는 것이 좋은데, 딸기에 설탕을 뿌려 먹으면 체내에서 설탕을 신진대사하기 위해 딸기가 가지고 있는 비타민 B_1과 유기산을 소모하게 되기 때문이다.

사과

하루에 사과 한 개를 먹으면 의사가 필요 없다 '하루에 사과 한 개를 먹으면 의사가 필요 없다'는 서양 속담처럼 사과는 케르세틴quercetin이나 비타민 C, 페놀산phenolic acid과 같은 강력한 항산화물질이 풍부한 건강식품이다.[7] 세포가 건강하려면 노폐물이 없어야 하는데, 사과에 들어 있는 항산화물질은 우리 몸속 세포의 노폐물을 제거하는 역할을 한다.

뇌의 노화를 막고 학습능력과 기억력을 높여 준다 뇌의 무게는 체중의 2%에 불과하지만 하루치 열량의 20%를 소모하므로 좋은 영양성분을 지속적으로 공급하여야 한다. 사과에 들어 있는 케르세틴이나 비타민 C, 페놀산과 같은 강력한 항산화물질들은 뇌세포를 보호하여 뇌세포가 손상되는 것을 막아준다. 미국 매사추세츠Massachusetts 로웰Lowell 대학 연구에 의하면 사과 섭취가 노화와 관련된 기억력 감퇴의 원인이 되는 세포 손상을 억제한다고 보고하였다.

사과는 껍질째 먹어요 사과에는 케르세틴을 비롯하여 비타민 C, 페놀산, 펙틴pectin 등의 영양소들이 들어 있는데, 이런 영양소들은 껍질과 껍질 바로 밑의 과육에 집중적으로 들어 있으므로 사과를 먹을 때는 껍질째 먹는 것이 더 좋다.[8]

팥

동지에 먹는 팥죽   예로부터 1년 중 밤의 길이가 가장 긴 동지冬至에는 팥죽을 먹었다. 이는 팥죽의 붉은색으로 나쁜 기운을 물리치고, 전염병을 예방하기 위해서였다. 실제로 팥의 붉은색은 안토시아닌anthocyanin계의 시아니딘cyanidin으로 항산화 및 항종양효과 외에도 심혈관계질환을 예방하는 효과가 있다.[9] 또한 체내 활성산소에 의해 발생하는 산화적 세포 손상을 억제하는 효과를 가지고 있다.

부종을 없애고, 혈액을 깨끗하게 해주는 팥   팥의 껍질에는 사포닌이 들어 있어 혈중 콜레스테롤이나 중성지방을 낮춰주어 고지혈증이나 고혈압을 예방해 준다. 특히, 팥은 이뇨작용을 하여 팥을 달인 물을 매일 마시면 부종 제거에도 도움이 된다. 이 외에도 팥은 강한 해독작용으로 장을 깨끗하게 해주며 신장병, 각기병, 숙취 등에도 효과적이라는 연구보고가 있다.[10]

붉은 팥밥의 영양   팥에는 칼슘, 인, 칼륨 등의 무기질이 풍부하고, 쌀에 부족한 아미노산인 라이신lysine 함량이 높아 쌀과 함께 먹으면 영양보강효과를 얻을 수 있다. 또한 비타민 B_1이 풍부하여 쌀의 소화와 흡수를 돕는다.

비트

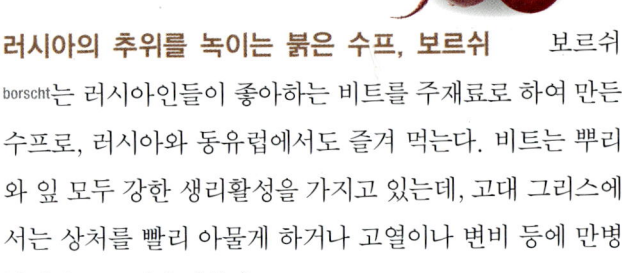

러시아의 추위를 녹이는 붉은 수프, 보르쉬   보르쉬 borscht는 러시아인들이 좋아하는 비트를 주재료로 하여 만든 수프로, 러시아와 동유럽에서도 즐겨 먹는다. 비트는 뿌리와 잎 모두 강한 생리활성을 가지고 있는데, 고대 그리스에서는 상처를 빨리 아물게 하거나 고열이나 변비 등에 만병통치약으로 사용되었다.

혈중 콜레스테롤을 감소시키고 간의 해독을 돕는 베타인
비트는 카로티노이드carotinoid 계열의 색소성분을 가지고 있으며 엽산, 철분, 칼륨 등의 비타민과 무기질을 풍부하게 함유하고 있다. 비트에 들어 있는 베타인betaine성분은 혈중 콜레스테롤을 낮춰주고 간의 해독작용이 뛰어나다.[11] 비트의 베타시아닌betacyanin은 강력한 항암작용을 하는 물질로 위암과 대장암을 예방하는 역할을 한다.[12] 소변의 수분함량을 조절하는 신장의 기능을 보호해 주며 활성산소로부터 세포 손상을 막아 노화를 방지해 준다.[13] 또한 간에서 콜레스테롤의 과다 생성과 지방간을 예방해 주며 호모시스테인homocystein의 혈중 수치를 감소시켜 동맥경화를 예방한다. 이 외에도 혈전 생성을 억제하는 살리실산salicylic acid이 들어 있어 항염증작용을 한다.[14], [15]

수박

여름 보약, 수박 수박은 수분함량이 높고 체내에서 흡수가 잘 되는 포도당과 과당이 함유되어 있어 피로회복에 도움을 준다.[16] 박 속에 들어 있는 물이라는 뜻을 가진 수박은 수분이 많아 갈증을 해소해 주고, 아미노산의 일종인 시트룰린citrulline 성분이 체내의 단백질 분해를 도와준다. 소변 배설을 촉진하여 몸의 열을 낮추기 때문에 여름철에 먹으면 특히 더 좋다.

숙취 해소에도 도움이 되는 수박 수박에 들어 있는 시트룰린과 아르기닌arginine은 간에 작용하여 알코올 분해 효소 생성을 촉진하여 숙취 해소에 도움을 준다. 또 수박에 다량 함유된 칼륨은 나트륨을 함께 배출시키므로 고혈압 환자에게도 효과가 있는 식품이다.[17] 또한 수박에는 항산화 기능이 뛰어난 베타카로틴β-carotene과 라이코펜lycopene의 함량이 매우 높다.[18]

빨간색이 짙을수록 좋은 수박? 수박의 붉은색 성분은 라이코펜으로 전립선암을 비롯한 암을 예방하고 치료하는 데 효과적이다. 수박은 밤낮의 온도차가 심한 곳에서 재배할수록 붉은색이 더욱 진해진다. 또한 수박 속의 당분은 대부분이 과당과 포도당이어서 쉽게 흡수되므로 피로회복에 도움이 된다.

대추

천연의 신경안정제, 대추   대추에 들어 있는 소화가 잘 되는 당은 뇌에 에너지를 공급함으로써 스트레스를 이길 수 있는 호르몬과 신경전달물질을 전달하여 긴장을 풀어주고 흥분을 가라앉혀준다.

대추를 먹으면 늙지 않는다?   대추에는 비타민과 식이섬유소, 무기질 등이 풍부하여,[19] 노화를 막고 혈관을 튼튼하게 하여 고혈압과 동맥경화 예방에도 도움이 된다. 대추에 들어 있는 페놀성 화합물은 항산화작용[20]과 항암효과[21]가 있는 것으로 나타났다. 뿐만 아니라 대추에 들어 있는 당인 글리코사이드glycoside,[22] 각종 스테롤sterols, 알칼로이드alkaloids, 사포닌saponins은 이뇨 및 강장효과와 체력회복, 거담제, 항염증제 등의 약리효과가 있는 것으로 알려져 있다.[23]

좋은 대추 고르는 법   대추는 알이 굵고 주름이 고르며 눌렀을 때 탄력이 있는 것이 좋다. 적갈색을 고루 띠는 것이 좋으며 주름 사이에 먼지가 없고 색이 고운 것을 골라야 한다. 또 과육과 씨가 잘 떨어지지 않아 한 움큼 쥐고 흔들어도 속의 씨가 움직이는 소리가 나지 않아야 하며, 꼭지가 잘 붙어 있는 것이 좋다.

파프리카

피부를 희고 아름답게 하는 파프리카   파프리카에 풍부한 비타민 C는 콜라겐 합성을 촉진시켜 피부를 탱탱하게 해준다. 파프리카에 함유된 비타민 C의 함량은 토마토의 5배, 레몬의 2배나 된다. 상피세포를 건강하게 유지시켜 주는 비타민 A의 전구체인 베타카로틴β-carotene도 풍부하여 피부미용에 도움이 된다.

달콤한 고추, 파프리카   파프리카는 고추의 매운맛을 내는 캡사이신capsaicin이 적은 대신 당질 함량이 높아 달콤한 맛이 난다. 피망과 영양성분은 거의 비슷하지만 수분이 많고 향이 좋아 샐러드 재료로 많이 쓰인다.

파프리카의 여왕, 빨간색 파프리카   파프리카는 품종별로 다양한 색상이 있지만 빨간색 파프리카에서 캡사이신, 카로티노이드carotenoid, 비타민 C의 함량이 가장 높게 나타났으며 항산화활성 또한 높은 것으로 보고되었다.[24] 파프리카에 풍부한 비타민 C와 E는 중요한 항산화물질로 활성산소에 의한 세포 내 DNA 손상을 막는다.[25]

붉은 고추

통증을 줄여 주는 붉은 고추　　붉은 고추에 풍부한 캡사이신capsaicin이라는 성분은 뇌로 통증을 전달하는 물질을 유인해 통증이 전달되는 것을 막는다. 또한 항염증효과도 뛰어나 관절염 치료에도 사용하고 있다.[26]

고추 다이어트　　고추의 캡사이신은 체지방을 줄여 비만의 예방과 치료에 효과가 있는데, 식사 시에는 침과 위액 분비를 증가시켜 소화가 잘 되게 한다. 섭취된 후에는 소비 에너지 대사를 증가시키고, 지방 대사를 높여[27] 에너지원으로 쓰이며,[28] 체내에 지방이 축적되는 것을 막아준다. 캡사이신은 또한 동맥경화 및 심장질환의 위험을 낮춘다[29]는 연구결과가 보고되었다.[30]

색소로 물들이지 않은 고춧가루 알아내기　　유난히 붉은빛이 강한 고춧가루는 색소로 물들인 것일 수 있으니 피하는 것이 좋다. 이를 확인하기 위해서는 고춧가루 1큰술에 고춧가루가 잠길 정도로 식용유를 붓고 불에 올려 끓인 후 고춧가루의 3~4배에 해당하는 물을 부어 색깔을 보았을 때 노란색이면 순수한 고춧가루이고, 새빨간 색이 나오면 물들인 고춧가루이다.

오미자

다섯 가지 맛, 오미자 단맛, 신맛, 쓴맛, 매운맛, 짠맛의 다섯 가지 맛을 가진 오미자五味子는 칼륨, 망간, 칼슘 등 무기질이 풍부하다. 오미자의 붉은색은 안토시아닌anthocyanin 성분으로 간 기능 보호, 혈당 강하, 콜레스테롤 저하, 면역 기능 조절, 항암작용 등 다양한 생리활성이 있는 것으로 알려져 있다.[31]

피로야 물러가라 오미자의 신맛은 신진대사를 활발하게 하고 피로회복을 돕는다. 신맛의 주성분은 각종 질병을 일으키는 유해균을 살균하는 작용을 하며 장내 세균을 조정해 장의 기능을 개선하고 설사를 방지한다.

뇌의 건강에도 도움이 되는 오미자 혈전으로 혈관이 막히거나 파열되어 뇌에 산소와 영양분이 제대로 공급되지 못하면 급속한 뇌 기능장애와 뇌 조직 손상이 일어난다. 오미자에 들어 있는 리그난lignan성분은 뇌 혈류량을 증가시키고 대뇌 신경세포에 독성을 미치는 신경독성작용을 억제하여 뇌신경세포를 보호하기 때문에 뇌졸중 예방에 효과적이다.[32]

노란색 식품의 영양과 효능

Yellow

노란색 식품은 항균, 항바이러스, 항알레르기 작용을 통해
면역력 향상 및 성장발달, 눈 건강에 도움을 준다.

노란색 식품에 들어 있는 주요 영양소는 카로티노이드carotinoid계
영양소인 알파카로틴α-carotene, 베타카로틴β-carotene, 루테인lutein,
케르세틴quercetin 등이다. 베타카로틴은 우리 몸속에서
비타민 A로 전환되어 동맥경화, 야맹증, 빈혈, 저혈압을 예방하고,
정자 형성과 면역 기능을 높이는 등 각종 생리적 기능을
활성화시킨다.

베타카로틴이 풍부한 노란색 색소를 가진 식품을 매일 꾸준히
섭취할 경우 퇴행성 반점이 생기는 것을 막고 피부가 매끄러워진다.
루테인과 지아잔틴은 눈 건강에 도움을 주며, 관상동맥질환,
뇌졸중, 유방암 등을 예방한다.

레몬, 오렌지에 들어 있는 플라보노이드flavonoid계 색소인
헤스페리틴hesperetin은 항산화효과가 뛰어나 만성질환 예방에
도움이 된다.[33]

PART 1 식약방食藥房 식품 사전

당근

감귤

감

차조

레몬

호두

고구마

유자

옥수수

단호박

당근

피부미인을 만드는 당근　　당근의 주황색을 내는 카로티노이드 carotinoid 색소는 몸속에서 비타민 A로 전환된다. 우리가 음식물을 먹으면 대사되는 과정에서 산소가 남는데, 이 산소는 우리 몸에 해로운 산소로 변하여 건강한 세포를 공격한다. 비타민 A는 이처럼 유해산소가 건강한 세포를 공격하는 것을 막아 피부의 색소 침착과 주름 형성을 방지하며 상피세포의 원활한 작용을 도와 피부를 건강하게 만든다.[34]

컴퓨터에 혹사된 눈을 보호　　당근은 컴퓨터를 많이 사용하는 현대인의 눈을 보호하는 데 도움이 되는 식품이다. 당근에 풍부한 비타민 A가 눈의 피로를 줄이고 시력을 보호하는 역할을 하기 때문이다. 당근에 함유된 칼슘성분은 눈의 원근 조절 기능을 원활하게 하여 나이가 들어 생기는 노안이나 책을 가까이 읽어 생기는 가성근시에 좋다.[35]

좋은 당근 고르기　　당근은 주황색이 선명하고 모양이 예쁘며 표면이 고른 것이 좋다. 잎이 났던 윗부분은 면적이 적어야 하고 이 부분이 초록색을 띠거나 검은 테두리가 있으면 좋지 않다. 속의 심은 적어야 맛이 있고 껍질은 얇고 단단해야 한다.

단호박

부기를 빼주는 단호박 예로부터 한방에서는 단호박을 성질이 감미롭고 따뜻하여 자양, 강장 등의 효과가 있다고 하였다. 특히, 위장이 약한 사람, 산후에 부기가 난 사람, 회복기의 환자들에게 좋은 식품으로 민간요법에 많이 이용되어 왔다. 단호박은 활발한 이뇨작용으로 몸 안에 쌓여 있는 수분을 배출하여 부기를 빼준다.[36]

항암작용, 심장질환을 예방하는 단호박 단호박의 진한 노란색을 나타내는 색소인 카로티노이드carotinoid는 우리 몸에 흡수되어 베타카로틴β-carotene으로 변한다. 단호박의 베타카로틴은 해로운 활성산소를 없애 성인병과 노화를 예방하고 암세포의 증식을 늦추는 기능을 한다. 또한 심장 혈관에 혈전이 생기는 것을 막아 심근경색과 심장질환 등을 예방한다.[37]

단호박은 익혀 먹어요 단호박의 주성분은 당질로 영양학적으로 감자류와 비슷하다. 이 때문에 단호박은 주로 익혀 먹으며 다른 채소와 달리 가열하더라도 영양소의 손실이 거의 없다. 단호박의 베타카로틴은 기름에 녹는 성분으로 기름과 함께 요리하여 섭취하면 흡수율을 높일 수 있다.[37]

귤

스트레스를 없애주는 귤 비타민 C의 대명사로 불리는 귤은 1개만 먹어도 하루에 필요한 비타민 C의 절반을 보충할 수 있다. 스트레스가 쌓이면 면역력이 떨어지고 만성피로, 당뇨병, 고혈압, 암 등 각종 질병에 노출되게 된다. 스트레스를 받으면 이를 방어하기 위해 부신 피질 호르몬 등 여러 물질이 분비된다. 이때 대량으로 소비되는 것이 비타민 C이다. 귤에 풍부한 비타민 C는 우리의 몸에 독소를 쌓이게 하는 스트레스를 해독해 주고 면역력을 강하게 해주는 작용을 한다.[38]

속껍질도 영양 덩어리 귤의 껍질과 과육 사이의 하얀 부분에는 비타민 P가 풍부하다. 비타민 P는 비타민 C의 흡수를 돕고 모세혈관을 튼튼하게 해주어 고혈압과 동맥경화를 예방하는 데 도움을 준다. 그러므로 가능하면 버리지 않고 먹는 것이 좋다.[39]

맛있는 귤 고르기 중간 크기로 껍질이 얇고 색이 선명한 것, 꼭지가 작고 싱싱한 것, 속이 꽉 찬 것, 쪽수가 적고 평평한 모양의 귤이 맛이 좋다.

고구마

침묵의 살인자, 고혈압   심장이 박동할 때 동맥 혈관에 흐르는 혈액의 압력을 혈압이라고 하며 이 혈압이 일정하게 상승해 그 상태가 지속되는 경우를 고혈압이라고 한다. 일반적으로 최고 혈압이 150~160mmHg 이상이거나 최저 혈압이 90~95mmHg 이상인 경우를 고혈압으로 본다.[40] 고혈압은 증상이 거의 없어 '침묵의 살인자'로 불린다. 잘못된 식습관에 의해 생기는 일차성 고혈압이 90~95%를 차지하며 꾸준히 식사요법을 하는 것이 가장 확실하고 부작용이 없는 치료법이다.[41]

고혈압을 예방하는 고구마   고구마에 풍부한 칼륨은 나트륨을 소변으로 배출시키는 작용을 한다. 또한 혈중 콜레스테롤을 낮추는 식이섬유소와 마그네슘도 풍부해서 혈관을 확장시키고 혈압을 내려 주어 고혈압 예방에 효과적이다.[41]

다이어트에도 좋은 고구마   고구마는 칼로리(소 1개 100g당 130kcal)[42]가 적을 뿐만 아니라 위장에 머무는 시간이 길어 공복감을 없애주므로 다이어트에 도움이 된다. 고구마의 자른 단면에서 나오는 흰색 유액의 얄라핀jalapin 성분과 풍부한 식이섬유소는 장의 운동을 촉진하여 변비를 예방한다.[43]

유자

비타민 C가 하는 일   비타민 C는 자신이 쉽게 산화되어 다른 물질의 산화를 막는 항산화 영양소로 모든 생물체의 생명 유지에 반드시 필요한 성분이다. 비타민 C는 세포 내에서 생성되는 활성산소를 제거하여 세포를 보호하고 면역 기능에도 관여하기 때문에 스트레스와 만성피로에 지친 현대인들에게 반드시 필요한 영양소이다.[44]

비타민 C가 풍부한 유자는 피로회복제   피로는 정신적·육체적인 작업이 반복될 때 발생하는 심신 기능의 저하 상태라고 할 수 있다. 피로의 주요 원인 중 하나는 체내 지방이 불완전 연소를 하면서 재ash와 아세톤acetone이 생겨 축적되기 때문인데, 비타민 C는 이러한 물질들을 해독하고 신진대사를 원활하게 만들어 피로를 풀어 준다.[39]

뇌혈관질환을 예방하는 유자   유자에 들어 있는 헤스페리딘hesperidin 성분은 혈압을 안정시키고 모세혈관을 보호하는 작용을 하며 리모넨limonene과 펙틴pectin은 혈액의 순환을 돕고 신진대사를 촉진한다. 때문에 유자는 뇌졸중, 동맥경화, 고지혈증 등을 예방하는데, 《본초강목》에도 유자가 뇌혈관장애로 생기는 중풍에 좋다고 기록되어 있다.[45]

옥수수

다이어트에 좋다고요? 옥수수에는 식이섬유소가 풍부하게 들어 있고 칼로리가 낮아(1개 250g당 265kcal/100g당 106kcal)[42] 다이어트에 좋다. 옥수수의 식이섬유소는 장에서 쉽게 녹아서 부풀게 되는데, 끈적끈적한 점성을 내어 배부른 느낌을 주고 포도당의 흡수를 늦추어 다이어트에 좋은 식품이다.[46]

부기 빼는 옥수수 수염 옥수수 수염은 이뇨작용이 뛰어나 예로부터 한방과 민간요법에서 이뇨제로 사용되었다. 이뇨작용으로 체내 수분을 배출하고 부기를 빼준다.[47]

우유와 찰떡궁합 옥수수는 인, 칼륨 등의 무기질이 풍부하나 필수아미노산인 라이신lysine과 트립토판tryptophan이 부족하다. 우유에는 옥수수에 부족한 여러 아미노산이 풍부하게 들어 있어 함께 먹으면 영양 보강효과를 얻을 수 있다.[48]

차조

흰 쌀밥의 영양을 보강해 주는 차조 차조에는 단백질을 비롯해 비타민 B군, 칼륨, 인, 나이아신niacin 등이 풍부하게 들어 있다.[49] 쌀을 주식으로 먹는 우리나라 사람들에게는 비타민 B군이 부족한데, 밥을 지어 먹을 때 차조를 함께 넣으면 쌀에 부족한 비타민 B군과 단백질을 보충할 수 있다.[50]

차조의 노란색은 영양색소 차조에는 카로티노이드carotenoid 색소가 들어 있다. 이 색소는 항산화작용을 하여 세포의 손상을 막아주고 노화를 억제한다. 피부를 희게 해주고 신체 기능을 유지하는 데도 도움을 주며 면역력을 높이는 영양소이다.[50]

장 건강에 좋은 차조 차조는 식이섬유소가 풍부하여 장 운동을 원활하게 해줘 변비가 있는 사람들에게 특히 좋다. 식이섬유소는 혈당을 억제하는 기능을 가지고 있어 당뇨병환자에게도 좋은 식품이다.[51]

레몬

신맛이 약　　레몬의 강한 신맛은 유기산(구연산citric acid, 사과산malic acid, 호박산succinic acid)의 함량이 높기 때문이다. 레몬의 구연산은 우리가 먹은 음식이 대사되는 과정 중에 생기는 노폐물을 없애주어 쉽게 피로해지지 않게 하는 역할을 한다.[52]

비타민 C의 왕, 레몬　　레몬은 다른 과일보다 비타민 C의 함량이 월등히 높다. 레몬 1개당 비타민 C가 70mg 들어 있어 레몬 1개면 성인 하루 비타민 C 권장량의 70%를 채울 수 있다. 비타민 C는 신진대사를 원활하게 하고 체온이 내려가는 것을 막아주어 겨울철 추위를 견디는 데 도움이 되는 영양소이다.[53]

레몬은 스트레스 해소제　　스트레스는 만성피로, 당뇨병, 고혈압, 비만, 불임, 암 등의 주요 원인이며 이외에도 스트레스로 인한 질병은 무려 280여 종이나 된다. 스트레스는 피부 노화를 최대 10년이나 앞당기며 기억력 저하나 치매를 초래하기도 한다.[52] 적당한 스트레스는 삶에 활력을 주는 도구가 되기도 하지만 만병의 근원이 되는 과도한 스트레스는 반드시 해소해야 한다. 스트레스 해소에 도움이 되는 비타민 C가 풍부한 레몬으로 스트레스를 날리자.

감

떫은맛이 약? 감의 떫은맛 성분인 탄닌tannin은 해독작용, 항균활성, 장 수축작용 촉진, 장액 분비 촉진, 항동맥경화, 항암, 항혈액응고, 항알레르기 등의 생리활성을 가지고 있다. 또한 탄닌성분은 설사와 배탈이 났을 때 지방질과 작용하여 변을 굳게 하고 지혈작용도 한다.[54]

눈을 건강하게 해주는 감 감에 들어 있는 베타카로틴β-carotene과 크립토크산틴cryptoxanthin은 몸에 흡수되면 비타민 A로 바뀐다. 이들 성분은 눈의 피로를 줄여주거나 시력을 개선해 주는 효과가 있으며 노인성 황반 변성과 백내장을 예방해 주는 것으로 알려져 있다.[55]

암을 예방해 주는 감 감에는 비타민 C(1개 200g당 140mg/100g당 70mg),[42] 폴리페놀polyphenol, 카로티노이드carotenoid 등이 풍부하게 들어 있다. 감의 비타민 C는 암, 관절염, 노화방지 등의 효과를 가지고 있고, 감의 폴리페놀성분은 항염증, 항산화작용과 같은 효과를 가지고 있다.[54] 카로티노이드성분 역시 손상된 세포를 막아주어 노화와 암을 예방해 준다.[56]

호두

미국 타임지가 선정한 '몸에 좋은 식품 10가지'에 뽑힌 호두
호두에 풍부한 오메가-3 지방산의 일종인 리놀렌산linolenic acid은 혈중 콜레스테롤 수치를 낮춘다. 또한 동맥의 탄력성을 강하게 하고 심장박동을 규칙적으로 유지하는 데 도움을 주어 심장질환의 위험을 크게 낮춰 준다.[57]

머리를 좋게 한다   호두는 알맹이가 뇌의 모습과 흡사하여 호두를 많이 먹으면 머리가 좋아진다는 속설이 있다. 실제로 호두에 풍부하게 들어 있는 리놀렌산과 리놀레산linoleic acid 등의 필수지방산은 뇌 조직을 구성하는 성분을 합성하여 기억력과 학습능력을 높여 준다.[58]

호두까기?   정월 대보름날 아침 호두나 밤, 잣을 먹는 '부럼까기'가 있다. 이는 새벽에 부럼을 깨면 한 해 동안 부스럼을 앓지 않는다는 풍습에서 온 것이다. 호두, 밤, 잣은 질 좋은 단백질로 영양이 풍부하여 겨울 동안 추위로 약해진 체력을 회복하는 데 도움을 준다. 특히, 호두에 풍부한 비타민 E는 피부세포의 손상을 막는 항산화작용으로 피부를 튼튼하게 하는 데 도움을 준다.[58]

초록색 식품의 영양과 효능

Green

초록색 식품은 신진대사를 활발하게 하고 피로회복과 혈중 콜레스테롤을 낮추는 데 도움이 된다.

초록색 식품에는 클로로필chlorophyll, 루테인lutein, 제아잔틴 zeaxanthin, 이소플라본isoflavone, 에피갈로카테킨갈레이트EGCG : Epigallocatechin Gallate 등의 생리활성물질이 들어 있다.

클로로필은 유해물질을 몸 밖으로 배출하고 콜레스테롤 수치를 낮추며, 신진대사를 원활하게 하여 피로를 풀어주고 세포 재생을 도와 노화, 암 예방에 도움을 준다. 루테인과 제아잔틴은 노화로 인한 시력 감퇴를 예방해 주고 노화 관련 질병의 발병률도 낮춘다.

이소플라본은 여성호르몬의 대표주자인 에스트로겐과 같은 작용을 하여 여성 건강에 특히 좋다. 녹차의 대표적인 영양소인 폴리페놀화합물 EGCG는 치매의 일종인 알츠하이머병alzheimer's disease의 예방, 폐의 암세포 증식을 막는 데도 효과적이다. 실험 결과 녹차를 많이 섭취한 여성은 유방암에 걸릴 확률이 줄어드는 것으로 나타났다.[59]

시금치

담배는 No, 시금치는 Yes   시금치는 담배를 피우는 사람이 폐암에 걸리는 것을 효과적으로 막아준다. 미국 텍사스 대학의 세클 교수는 시금치를 많이 먹는 흡연자는 폐암에 걸릴 확률이 1/8로 줄어든다고 하였다. 시금치에는 강력한 암 저지물질인 엽록소와 엽산이 풍부하기 때문인데, 비타민 B의 일종인 엽산이 있어 혈액의 정화에도 도움이 된다.[60]

엽산이 풍부한 시금치로 치매 예방을   시금치 등 푸른 잎 채소에 많이 함유된 엽산이 노인들의 뇌 기능을 개선해 치매 위험을 감소시키는 효과가 있다는 연구 결과들이 보고되고 있다. 엽산 섭취는 혈중 호모시스테인homocysteine의 농도 저하와 관련 있다. 혈중 호모시스테인의 농도 상승은 심혈관 질환 및 뇌졸중 위험을 증가시키고, 또한 알츠하이머병 위험도 높아진다.[61]

시금치를 많이 먹으면 결석이 생긴다?   시금치의 수산과 칼슘이 결합해 결석이 되려면 칼슘과 수산의 비율이 1 : 2여야만 한다. 하지만 일상의 식사로는 그렇게 많은 양을 먹기 힘들며 데쳐 먹으면 수산은 거의 불용성이 되기 때문에 주로 국이나 나물로 익혀 먹는 한국인은 시금치로 인해 결석이 생기는 것에 대해 크게 걱정하지 않아도 된다.

쑥

입맛을 살리는 쑥 쑥은 단군신화에도 등장할 만큼 우리 민족과 가까운 식품이다. 겨울에 움츠러들었던 몸이 봄을 맞아 활기를 되찾는 데 도움을 준다. 쑥의 독특한 향은 입맛이 없을 때 식욕촉진제가 된다. 《동의보감》과 중국의 고전 의학서인 《본초강목》에는 "쑥은 독이 없고 모든 만성병을 다스린다", "쑥은 속을 덥게 하여 냉을 쫓으며 습을 덜어준다"고 기록되어 있다.

쑥 향기는 천연소화제 쑥에서 나는 독특한 향취는 치네올cineol 과 같은 정유성분 때문이다. 치네올성분은 소화액의 분비를 왕성하게 하여 소화를 돕는다. 또한 유해한 균을 죽이거나 성장을 억제시키고 유익한 균의 성장을 도와 장을 깨끗하고 튼튼하게 한다.[62]

봄에 나는 쑥을 먹자 옛말에 3월엔 인진쑥, 4월엔 개똥쑥이라 하여 음력 3월에 채취한 것은 약효가 높지만 4월 이후에 채취한 것은 약효가 없다고 하였다. 약쑥은 약효성분이 많아 약용이나 쑥찜용으로 사용하며 '애엽'으로 불리는 참쑥은 쑥국, 쑥떡 등의 재료로 쓰인다. 해변이나 모래땅에서 자라는 인진쑥은 지방간이나 간염치료제로 쓰이고 있다.

브로콜리

골다공증 예방에 좋은 브로콜리　　브로콜리에는 비타민 K가 풍부하다. 비타민 K는 뼈를 구성하는 단백질 오스테오칼신osteocalsin과 칼슘의 결합을 도와 뼈를 만들고 뼈에서 칼슘이 빠져나가는 것을 막는다. 여러 임상연구 결과 칼슘과 비타민 D를 비타민 K와 함께 섭취했을 때 골다공증 예방 효과가 큰 것으로 나타났다.[63]

강력한 항암물질 설포라판　　브로콜리에 들어 있는 설포라판sulforaphane 성분은 식품에 존재하는 항암물질 가운데 강력한 작용을 하는 것 중의 하나이다. 설포라판은 위암과 위궤양을 일으키는 박테리아인 헬리코박터 파이로리균을 죽이고 암세포를 몰아내는 작용을 하는 것으로 보고되었다.[64]

임산부와 노인에게 더욱 좋다　　브로콜리에는 비타민 B군의 하나인 엽산도 풍부하다. 엽산은 태아의 선천성 기형을 예방하여 임신 전이나 임신 초기의 여성에게 섭취를 권장하는 영양소이다. 최근에는 DNA를 생성하고 뇌 기능의 발달을 돕는 역할로도 주목받고 있다. 실제로 네덜란드 와게닝겐 대학 제인 더가 박사팀은 50~70세 연령의 818명 노인을 대상으로 실험한 결과 엽산의 섭취가 노화로 발생하는 기억력 감퇴, 청력 감소 등을 막는 데 도움을 준다고 발표하였다.

키위

미국식품영양학회가 선정한 건강과일 1위   키위는 식이섬유소(100g당 3.6g)가 풍부한 과일로 펙틴과 같은 가용성 식이섬유소는 혈액에 녹아 당, 콜레스테롤과 같은 영양소의 흡수를 지연시키는 효과가 있다. 변비를 개선해 몸에 쌓인 독소를 제거하고, 검버섯, 잡티 생성을 막아주는 성분도 함유하고 있다.

다이어트에도 굿   키위는 혈당지수 수치가 매우 낮은 식품으로 다른 과일과 칼로리는 비슷하지만 혈당지수가 낮아 천천히 흡수된다. 혈당지수가 낮으면 지방을 쉽게 소모할 뿐만 아니라 지방이 적게 축적되어 체중 조절에 좋다.

고기요리에는 키위를   키위에는 단백질 분해효소인 액티니딘actinidin이 들어 있어 고기의 육질을 부드럽게 해줄 뿐만 아니라 소화를 도와준다.[65]

녹차

미세먼지가 걱정될 때는 녹차를 녹차에 들어 있는 탄닌성분 중 하나인 카테킨catechin은 강한 항산화작용을 가진다. 유해한 중금속을 해독하고 배설하며 장내 유해물질의 흡수를 막아주고 대변으로 중금속을 배출시킨다.[66]

탈모와 비만을 예방하는 녹차 녹차는 항안드로겐 특성을 가지고 있는데, 자주 마시면 탈모를 유발하는 호르몬 DHT 생성을 억제하는 효과가 있어 두피 건강에 좋다. 특히, 찻잎에서 추출한 카테킨이 항안드로겐 특성을 가져 탈모방지에 효능이 있다는 연구보고가 발표되었다.[67] 카테킨이 중성지방과 총 콜레스테롤 수치를 감소시켰기 때문으로 녹차의 카테킨 함량에 따라 체지방은 물론 콜레스테롤 수치를 낮출 수 있다.[68]

숙취 해소에도 좋은 녹차 녹차는 간의 손상을 예방하고 숙취를 해소한다. 녹차의 비타민, 아스파라긴산과 알라닌 등의 아미노산은 알코올 분해를 촉진하고 알코올을 빨리 배설시키기 때문이다. 술을 마신 다음 날 아침 녹차를 진하게 우려내어 자주 마시면 숙취 해소에 도움이 된다.

매실

매실은 피로회복제   섭취한 영양분이 에너지로 변하는 도중 만들어지는 젖산은 우리를 피로하게 만드는 물질이다. 젖산이 몸속에 쌓이면 근육의 단백질과 결합해 어깨, 목 등이 결리는 증상이 일어나고 지구력이 떨어진다. 젖산은 혈액에 쌓이면 세포가 노화되고 혈관에 이상이 생겨 동맥경화, 고혈압, 간질병, 심장병 등의 원인이 될 수 있다. 매실은 젖산을 제거하는 구연산을 풍부하게 가지고 있어 스트레스와 피로를 풀어 주는 데 좋은 식품이다. 매실액은 혈중 암모니아와 젖산의 농도를 낮추고 간과 근육의 글리코겐glycogen 저장능력을 향상시켜 피로 회복에 도움이 된다는 보고가 있다.[69]

독을 없애는 매실   매실은 살균·해독작용이 뛰어나 '3독毒', 즉 음식물의 독, 피 속의 독, 물의 독을 없앤다는 말이 있다. 매실에 들어 있는 피크린산은 독성물질을 분해하고 살균작용을 하여 식중독과 배탈 등의 질병을 예방하고 치료한다. 마찬가지로 강한 해독작용과 살균작용을 하는 카테킨산은 장 속 살균력을 높여 주기 때문에 만성대장증후군과 만성변비, 만성설사 등으로 대장 기능이 약해진 사람들에게 효과가 있다.

오이

미인은 언제나 오이 향기가 난다　'미인은 언제나 오이 향기가 난다'는 중국속담처럼 오이는 피부미용에 뛰어난 효과를 가진 식품이다. 오이에 풍부한 칼륨은 체내 노폐물을 배출시키는 이뇨작용이 탁월하여 피부미용뿐만 아니라 고혈압이나 심장병 예방효과도 있다.[70] 오이의 비타민 C는 신진대사를 원활하게 하고 피부와 점막을 튼튼하게 하여 건강한 피부를 갖게 한다.

등산갈 때도 오이를　오이는 96%가 수분으로 이루어져 있으며 무기질도 풍부하여 갈증해소에 아주 좋다. 땀을 많이 흘리는 운동을 하거나 등산 시에는 수분이 증발하면서 몸 안에 있는 무기질도 함께 빠져 나가므로 오이를 챙겨먹으면 좋다.

숙취 해소에도　술을 마신 다음 날에 숙취를 해소하는 데도 도움이 된다. 특히, 술을 마시게 되면 알코올을 분해하기 위해서 비타민 C가 많이 사용되고 몸속에 있던 칼륨이 배출되기 때문인데, 오이가 알코올로 인해 손실된 비타민 C와 칼륨을 보충해 주어 숙취 해소에 도움이 되므로 술을 마실 때는 오이와 함께 먹으면 좋다.[71]

부추

유해활성산소란? 유해활성산소는 우리가 먹은 음식물의 정상적인 대사과정에서 만들어진다. 호흡을 통해 들이마시는 산소의 2~5% 정도가 유해활성산소로 바뀐다. 유해활성산소가 위험한 것은 공해나 약물, 과도한 운동, 스트레스 등으로 너무 많이 만들어지게 되면 쇠를 녹슬게 하듯 세포와 DNA 등을 손상시키기 때문이다. 노화 역시 활성산소 때문에 일어나며 각종 암을 비롯하여 우리 몸에 생기는 질병도 대부분 활성산소와 관련이 있다.

유해활성산소를 없애주는 부추 부추에 들어 있는 베타카로틴β-carotene은 활성산소가 세포를 산화시키는 것을 강력하게 막는 항산화작용을 한다. 이미 우리 몸에 생긴 활성산소를 꽉 붙잡아 활동을 못 하게 할 뿐만 아니라 활성산소가 만들어지는 것 자체를 억제한다.

채소의 왕, 부추 부추는 예로부터 오덕五德을 갖추었다고 하여 '채중왕菜中王', 즉 채소 중에 왕이라고 불렸다. 오덕이라는 것은 "날로 먹어서 좋아 일덕이요, 익혀 먹으니 좋아 이덕이요, 절여 먹어도 좋으니 삼덕이요, 오래 두고 먹어도 좋으니 사덕이요, 매운맛이 변하지 않음이 나머지 오덕이다"하는 것으로, 이처럼 부추는 어떻게 조리하여 먹어도 좋은 식품이다.

상추

잠이 보약　　잠은 피로를 풀고 에너지를 재충전하는 매우 중요한 생리현상이다. 잠이 부족하면 집중력이 떨어지고 무력감, 두통 등을 느끼게 된다. 잠을 잘 자지 못하는 불면증이 오래가면 면역력이 떨어지며 노화가 촉진된다는 연구 결과도 있다.

잠을 잘 오게 하는 상추　　예로부터 상추를 먹으면 졸린다는 말이 있는 이유는 상추 줄기에 있는 우윳빛 유액에 함유된 매우 강한 쓴맛이 나는 락투카리움Lactucarium성분 때문이다. 락투카리움은 신경에 진정작용을 하기 때문에 잠을 자는 데 도움이 된다. 상추에 밥을 싸서 먹으면 평소보다 밥을 많이 먹게 되고 이로 인해 위액 분비가 증가되어 모든 신경이 위에 집중되는 식후의 나른함이 나타난다. 여기에 락투카리움 성분의 최면, 진통진정작용이 더해져 졸음이 오게 된다.

고기는 상추와 함께　　고기는 산성식품이기 때문에 알칼리성 식품인 상추와 잘 맞고 상추에는 고기에 없는 식이섬유소와 비타민, 무기질이 풍부하여 함께 먹으면 영양 보강효과를 얻을 수 있다.

깻잎

한국인과 위암   위암은 우리나라 남녀 모두에게 발생률과 사망률 1위를 기록하는 암이다. 우리나라 사람들이 위암에 많이 걸리고 잘 낫지 않는 이유는 맵고 짠 음식을 즐겨 먹는 식습관 때문이다. 위는 소화기관 중 소화가 되지 않은 상태의 음식물이 가장 오래 머물러 있는 장기로, 그만큼 음식물에 포함된 발암물질의 영향을 가장 직접적으로 받는다.

위암을 예방하는 깻잎   여러 연구를 통해 녹황색 채소가 암을 억제한다는 것이 밝혀졌는데, 그중에서도 깻잎은 강한 항암효과를 나타낸다. 특히, 깻잎의 푸른 색소를 구성하는 파이톨pytol성분은 암세포만 찾아서 제거하는 자연 살해세포의 활성을 돕고, 몸속에 들어온 세균 등의 이물질을 없애면서 면역력을 높여 준다. 또 대식세포의 기능도 높여 더욱 효과적으로 항암효과를 나타낸다.

빈혈 예방에도 굿   깻잎은 채소류 중에서도 철분이 풍부한 대표식품이다. '철분의 왕'으로 불리는 시금치 못지않게 철분이 풍부하여 빈혈을 예방하고 칼슘도 풍부하여 골다공증에 걸리기 쉬운 여성에게 더욱 좋은 식품이다.

하얀색 식품의 영양과 효능

White

하얀색의 과일과 채소는 면역력을 높이고 기관지를 건강하게 해준다.

대표적인 성분으로 케르세틴quercetin과 알리신allicin이 있다.
이 성분들은 혈관과 심장의 건강, 노화 지연, 콜레스테롤을
낮추는 역할을 한다.

사과와 양파에 들어 있는 케르세틴은 강력한 항산화효과를 가진
물질로서 암세포의 성장을 억제하고 체내 면역력을 높이는 효과가
있다. 미국 UCLA대학 연구팀은 흡연자가 케르세틴과 같은
플라보노이드flavonoid성분이 많이 들어 있는 과일이나 채소를 즐겨
먹으면 암세포의 성장이 억제된다고 보고하였다.[72]

미국 UCLA 의대 연구팀은 케르세틴이 C형 간염 바이러스의 감염을
차단하는 역할을 한다고 발표하였다.[73] 알리신은 양파와 마늘에서
발견되는 매운맛을 내는 황화합물로 심장을 튼튼하게 하고 혈중
콜레스테롤을 낮춰 주는 효과가 있다.

식품의약품안전처에서는 마늘이 혈중 콜레스테롤을 감소시키는
효과가 있는 것으로 발표하였다.[74] 또한 국내 연구에서도 마늘이
고지혈증의 원인이 되는 LDL 콜레스테롤과 혈압을 낮추는 데 도움이
되는 것으로 보고하였다.[75]

PART 1 식약방食藥房 식품 사전

감자

북유럽의 오렌지 감자에는 비타민 C가 풍부한데(1개 200g에 72mg), 채소나 과일에 있는 비타민 C와 달리 감자의 비타민 C는 열을 가해도 쉽게 파괴되지 않는다. 기후 때문에 오렌지, 레몬 등을 재배할 수 없었던 북유럽 사람들은 감자로 비타민 C를 보충했기에 감자를 '북유럽의 오렌지'라 부른다.

위장을 보호하는 감자 감자는 대장의 연동운동을 자극해서 배변이 잘 되게 한다. 감자가루는 위벽에 막을 만들어 위를 보호하고 감자즙은 위궤양과 같은 위장질환을 예방하며 치료한다.

장수마을의 식품 감자는 소화율이 96%로 매우 높은 편이다. 소화가 잘 되면서도 성장에 필요한 필수 아미노산이 풍부하여 '유카'라는 감자류를 주식으로 하는 불가리아의 훈자와 에콰도르의 빌카밤바는 장수마을로 유명하다. 감자에는 칼륨이(1개당 1,112mg) 바나나보다 2배 이상 많이 들어 있어 체내의 나트륨을 체외에 배출시켜 신장병과 고혈압, 동맥경화와 같은 심혈관계질환 예방에 좋다. 칼륨이 풍부한 녹색 채소, 감자, 바나나 등을 섭취하면 뇌졸중과 같은 뇌혈관질환이나 관상동맥질환의 위험성이 낮아진다는 연구 결과가 있다.[76]

양파

이집트 피라미드 건설 노예들의 필수 식품   고대 이집트에서는 피라미드를 건설하는 노예들의 피로를 회복하고 기운을 내게 하기 위하여 양파와 마늘이 들어간 음식을 매일 먹였다는 기록이 있을 정도로 양파는 스태미나에 좋은 식품이다. 양파에는 비타민 C, E, B_1, B_2 외에도 셀레늄selenium과 같은 각종 무기질이 풍부하게 들어 있다. 특히, 양파에는 케르세틴이 풍부하게 들어 있어 강력한 항산화작용뿐만 아니라 중금속이나 니코틴의 해독작용을 한다.[77]

원기를 회복시켜 주는 양파   아주 피곤할 때에 꿀물을 한 잔 타서 마시면 기운이 회복되는 것을 느낄 수 있다. 포도당이 공급되어 에너지를 내기 때문이다. 그런데 양파는 분해되면서 설탕의 50배가 넘는 단맛을 내는 프로필머캅탄propylmercaptane을 생성하기 때문에 원기 회복에 아주 효과적이다.

껍질까지 버릴 것이 없는 양파   양파의 케르세틴은 겉껍질에 가장 많고 속껍질로 갈수록 점점 적어지므로 껍질을 너무 많이 벗기는 건 좋지 않다. 양파 껍질을 벗길 때에는 물에 잠시 담가 두었다가 물기가 마르기 전에 껍질을 벗기면 농약성분도 제거되고 양파의 매운 성분이 물에 녹아 눈이 맵지 않게 된다.

무

당뇨병이란?　　당뇨병은 소변으로 포도당이 배출되는 것을 말한다. 우리가 먹은 음식물은 포도당이 되어 인슐린의 도움을 받아 세포 속에 들어가 에너지원으로 사용된다. 그런데 인슐린이 제대로 작동하지 않거나 부족하면 혈액 중에 포도당 농도가 비정상적으로 높아져 소변으로 배출된다.

당뇨병 예방에 좋은 무　　무에 풍부한 식이섬유소는 배변을 도와 포도당이 혈액으로 많이 흡수되지 않고 배설되도록 하여 혈당이 올라가는 것을 막는다. 미국 당뇨병협회에서는 당뇨병 예방을 위해 무를 매일 먹으라고 권장하고 있다.

무를 많이 먹으면 속병이 없다　　'무를 많이 먹으면 속병이 없다'는 말이 있다. 각종 소화효소가 무에 풍부하게 함유되어 있기 때문이다. 무에는 전분 분해효소인 아밀레이스 amylase와 같은 소화효소들이 들어 있어 소화가 잘 되게 하고, 속쓰림, 위산과다, 더부룩함, 숙취 등을 없애주는 데 효과적이다. 또한 체내에서 발생하는 유해한 과산화물을 분해하는 카탈레이스 catalase와 같은 항산화효소도 풍부하게 들어 있다.[78]

배

이로운 나무   배를 뜻하는 한자어인 이梨는 이로울 이利와 나무 목木이 합쳐진 글자로서 사람에게 이로운 나무라는 뜻을 담고 있다. 배는 포도당, 과당, 구연산이 풍부하게 들어 있어 우리 몸의 피로물질을 없애준다. 또한 간을 해독하는 아스파라긴산asparaginic acid이 많이 들어 있어서 술을 마실 때 배를 같이 먹으면 알코올을 빠르게 분해하고 수분을 보충하여 술독을 풀어준다.

소화를 돕고 대장암을 예방하는 배   배는 알칼리성 식품으로 산성식품인 육류와 궁합이 잘 맞는 식품이다. 예부터 우리 조상들은 육류 요리에 배를 곁들여 요리하거나 식후에 배를 후식으로 먹었는데, 단백질 분해효소가 들어 있어 소화를 잘 되게 하기 때문이다.[79] 또한 배에 들어 있는 폴리페놀과 플라보노이드성분은 면역력을 높여 주어 암을 예방하는 데 효과적이다.[80]

고기 양념에는 배즙을   배에는 고기의 조직을 부드럽게 해주는 단백질 분해효소가 들어 있어 고기를 재울 때 배즙을 첨가하면 고기가 부드러워지고 혈중 콜레스테롤 수치를 낮춰 준다. 또한 고기를 굽다가 생기는 탄 성분인 벤조피렌과 같은 각종 발암물질을 배출하여 암의 발생을 줄여주는 역할을 한다.[81]

연근

장수의 상징, 연근 《본초강목》에 연藕은 기력을 왕성하게 하고 모든 질병을 물리치며 오래 복용하면 몸을 가볍게 하고 수명을 연장한다고 기록되어 있다. 연은 봄에는 연잎을, 여름에는 연꽃을, 가을에는 연씨를, 겨울에는 연근을 식용으로 이용한다. 연근의 주성분은 탄수화물로 아스파라긴산, 아르기닌, 티로신과 같은 아미노산뿐만 아니라 식이섬유소, 칼륨, 비타민 C도 풍부하게 들어 있다.

치매를 예방하는 연근 연근은 혈관벽에 콜레스테롤이 침착되는 것을 예방하고 혈관벽을 강화시키며 신경전달물질인 아세틸콜린acetylcholine을 생성하여 기억력이 감소되는 것을 억제하므로 치매 예방에 도움이 된다.[82],[83] 연근을 자르면 나오는 끈끈한 점액질은 뮤신mucin인데, 위벽을 보호한다. 또한 장내 유해균의 증식을 억제하고 유산균의 증식을 도와 위와 장을 건강하게 만들어 준다. 호주 퀸즈랜드대학 연구팀은 뮤신이 세균 감염으로부터 위 점막을 보호하는 효과가 있다고 보고하였다.[84]

연근이 검게 변하는 것을 막는 방법 연근을 식초 물에 살짝 데치면 떫은맛을 제거할 수 있을 뿐 아니라 갈변효소에 의해 검게 변하는 것을 막을 수 있어 일석이조이다. 물에 오래 담가 떫은맛을 우려내도 된다.

양배추

서양의 3대 장수식품 양배추는 서양에서 올리브, 요구르트와 더불어 3대 장수식품으로 꼽히는 채소이다. 또한 그리스 철학자 디오게네스를 90세까지 장수할 수 있게 한 식품으로도 유명하다. 양배추는 비타민 C, A, K, 엽산, 칼륨, 칼슘, 철분 등의 비타민과 무기질이 풍부하게 들어 있다.

위궤양과 암을 예방하는 양배추 양배추에는 위궤양에 좋은 비타민 U가 들어 있어 위산의 분비를 억제하고 상처난 위 점막을 부드럽게 회복시켜 위, 십이지장궤양을 예방한다. 또한 양배추에는 인돌-3-카비놀(indole-3-carbinol)과 이소티오시아네이트(isothiocyanate)가 들어 있어 유방암, 대장암, 전립선암 등의 암을 예방한다. 미국 캘리포니아대학 게리 파이어스톤(Gary Firestone) 박사 연구팀은 양배추에 많이 들어 있는 인돌-3-카비놀 성분이 엘라스테이스(elastase) 효소의 작용을 억제하여 유방암이나 전립선암 등을 억제한다는 사실을 입증하였고,[85] 영국 레스터대학 연구팀은 유방암 억제효과를 보고하였다.[86]

생으로 먹는 것이 더 좋은 양배추 미국 로즈웰 파크 암연구소(Roswell Park Cancer Institute)는 양배추를 찌거나 삶으면 생리활성성분이 변하여 암 예방효과가 감소하므로 가능한 생으로 먹는 것이 건강에 좋다는 연구 결과를 발표하였다.[87]

마늘

중금속의 위험성   금속 중에서도 가장 강력한 독성을 가진 것이 바로 수은이다. 수은은 뇌에 축적되면 중추신경계에 손상을 입히고 생명까지도 위험하다. 일본 미나마타 연안에서 공장의 폐수 중에 포함되어 있던 수은이 어패류의 몸속에 들어가고 그것을 먹은 주민들이 수은에 중독되어 무려 1,000여 명이나 사망해 알려진 미나마타병이 대표적인 수은 중독 질병이다.

중금속을 해독하는 마늘   마늘에는 알리신allicin과 디알릴디설파이드diallyldisulfide가 들어 있어 수은과 같은 중금속을 해독하는 데 도움이 된다.[88] 특히, 마늘에는 카드뮴, 수은과 같은 유해한 중금속의 독성을 줄이는 셀레늄과 아연이 풍부하게 들어 있어 중금속 해독에 효과적이다.[89]

최고의 스태미나 식품, 마늘   인류가 마늘을 먹기 시작한 것은 지금으로부터 약 5,000년 전으로 고대 이집트에서 피라미드를 쌓기 위해 동원된 노예들에게 마늘을 먹였다는 기록 외에도 고대 올림픽에 출전했던 선수들은 스태미나 증진을 위해 마늘을 먹었다는 기록이 있다. 마늘이 이처럼 최고의 스태미나 식품으로 인정을 받는 것은 피로를 막아 주는 비타민 B_1 성분이 풍부하기 때문이다.

우엉

만병의 근원 변비   변비란 대장의 기능이 전반적으로 떨어져 대변이 장에 오래 머물러 있는 상태를 말한다. 다이어트를 위해 지나치게 적은 양을 먹거나 불규칙한 식사, 불충분한 수분과 식이섬유소 섭취의 부족 등 잘못된 식습관이 가장 큰 원인이 된다. 그 외에 장 기능을 촉진시킬 수 있는 운동이 너무 부족하거나, 근심·걱정·스트레스로 인한 심리적인 요인, 임산부의 경우 태아가 대장을 압박하는 경우, 나이가 들거나 비만하여 장 운동이 약해진 경우, 제산제·철분제·신경계 약물을 복용하는 경우 변비에 걸릴 수 있다. 소화, 대사된 찌꺼기인 변이 배출되지 않고 숙변으로 쌓여 있게 되면 장내 유해세균 등에 의해 여러 질병이 생기게 된다.

변비를 해소하는 우엉   미국 워싱턴 의대의 제임스 와튼 박사는 "변비에는 우엉과 같이 식이섬유소가 풍부한 식품의 섭취가 효과적"이라고 밝혔다. 우엉에는 이눌린inulin, 셀룰로스cellulose, 헤미셀룰로스hemicellulose, 리그닌lignin과 같은 식이섬유소가 풍부하여 변비를 예방하고 치료한다. 식이섬유소는 수분 보유력이 뛰어나 자신보다 16배나 무거운 물을 머금을 수 있다. 이로 인해 변을 부드럽게 하고 배변의 양을 증가시킨다.

도라지

기관지를 위협하는 대기오염   코와 인후, 기관지, 폐로 구성되는 호흡기의 가장 중요한 기능은 생명을 유지하는 데 필수적인 산소를 공급하고 그 과정에서 만들어진 탄산가스를 제거하는 일이다. 최근에는 봄의 극심한 황사현상과 미세먼지 양도 증가한데다 공기오염이 심해져 호흡기 건강은 점점 더 위협받고 있다.

기관지질환을 예방하는 도라지   기관지질환은 주로 감기나 대기오염, 흡연, 건조 등이 원인이 되어 기관지 안 점막세포가 약해졌을 때 생긴다. 이렇게 점막세포가 약해졌을 때 병원성 세균에 의해 2차 감염이 되면 염증으로 진행되고 이것이 낫지 않고 계속되면 천식, 폐렴, 폐결핵으로 이어지게 된다. 도라지의 이눌린^{inulin}성분은 염증을 강력하게 치료하여 여러 기관지질환을 예방한다. 또한 도라지의 쓴맛을 내는 사포닌^{saponin}은 호흡기 내 점막의 점액 분비량을 증가시켜 가래를 삭이는 효과가 있다.

영원한 사랑의 꽃 도라지   도라지꽃의 꽃말은 '영원한 사랑'이다. 도라지라는 이름을 가진 처녀가 사랑하는 남자를 떠나보내고 늙어 죽을 때까지 기다리다 죽어 핀 꽃이 도라지꽃이라고 전해 내려온다. 도라지의 꽃잎은 생으로 무치거나 튀겨먹기도 하고 화전으로 만들어 먹기도 한다.

율무

면역은 최고의 의사 현대 서양 의학의 아버지 히포크라테스는 '면역은 최고의 의사이자 치료법'이라고 말했다. 면역이란 우리 몸이 외부에서 침입한 미생물과 독소에 저항하여 이겨 내는 능력을 말하며, 건강을 유지하는 데 중요한 역할을 한다. 우리 몸 안에서는 하루 평균 400~1,000개에 달하는 암세포가 생긴다. 건강한 사람의 경우 이러한 현상에 큰 영향을 받지 않지만 면역력이 떨어지면 각종 질병에 걸리기 쉽다.

면역력을 높여 주는 율무 율무에는 플라보노이드, 비타민 E와 같은 항산화물질이 풍부하게 들어 있어 유해한 활성산소를 제거하고 면역력을 높이는 데 효과적이다.[90] 국내 연구 보고에 따르면 율무 추출물은 면역 기능을 담당하는 기관인 비장의 항체를 생성시키는 세포 수를 증가시킴으로써 기능을 높여 준다고 발표하였다.[91] 율무의 플라보노이드와 같은 항산화성분이 면역력을 높이는 데 도움이 된다.[92],[93]

율무가 정력을 떨어뜨린다? 그렇지 않다. 율무에는 아미노산이 좋은 균형을 이룬 질 좋은 단백질이 풍부하고 말초신경을 강화시키는 비타민도 풍부하여 오히려 스태미나를 높여 준다.

검은색 식품의 영양과 효능

Black

검은색과 보라색 식품은 노화를 방지하고 심장병을 예방하며 항암효과가 있다.

주요 영양소는 안토시아닌anthocyanin과 레스베라트롤resveratrol이다. 블루베리, 검은콩과 같은 검은색과 진한 보라색 식품에 들어 있는 안토시아닌은 강력한 항산화작용을 하여 체내 콜레스테롤 수치를 낮춰 주며, 노화를 방지하고 혈관조직을 건강하게 해 뇌졸중이나 심장병과 같은 질환을 예방한다.

안토시아닌은 신경전달체계에 관여하여 약한 인지장애가 있는 사람의 인지장애를 개선시키는 효과를 보였다. 또한 눈 망막에 있는 로돕신rhodopsin이라는 붉은빛을 감지하는 단백질의 재합성을 촉진하여 눈을 건강하게 만들어 준다.

포도에 많이 들어 있는 폴리페놀polyphenol계 물질인 레스베라트롤은 천연 항산화제로 고혈압, 신부전, 심근경색, 동맥경화, 당뇨병, 비만증은 물론 심장기능장애에도 효과적일 뿐 아니라 노화와 관련된 질병의 예방과 관리에 도움을 준다.[94],[95] 미국 버지니아대학교University of Virginia 연구팀에 따르면 레스베라트롤이 암세포를 키우는 단백질의 작용을 억제하여 암을 예방하는 효과를 가진다고 보고하였다.[96]

PART 1 식약방食藥房 식품 사전

가지

블루베리

결명자

검은콩

흑미

도토리

복분자

포도

고사리

메밀

검은콩

탈모를 예방하는 검은콩 검은콩은 체내 신진대사와 성장발육에 필요한 아미노산과 칼슘, 철분 등의 무기질이 다량으로 함유되어 있는 영양적으로 우수한 식품이다. 여러 연구에 따르면 검은콩은 혈액 순환을 개선시키고 모발의 성장과 재생을 도와 탈모를 예방하는 데 효과적임이 입증되었다.[97),98),99)]

갱년기 여성에게 좋은 식품 검은콩 껍질에 들어 있는 검은색 색소 안토시아닌anthocyanin은 항산화작용이 뛰어나다. 식물성 호르몬인 이소플라본isoflavone과 비타민 E는 유방암과 폐경기 여성의 골다공증을 예방하고 제니스틴genistin과 사포닌saponin, 안토시아닌은 비만을 막아주며 면역력을 높여 암세포 생성과 혈중 콜레스테롤 수치를 낮춰 동맥경화를 예방하는 것으로 보고되었다.[100),101)]

콜레스테롤 청소부 400년 전, 중국 명나라 때 의서醫書 《본초강목》에는 '검은콩이 혈액순환을 활발히 하며 모든 독을 푼다'고 기록되어 있다. 현대과학으로 그 이유를 밝힌 결과, 검은콩에는 불포화지방산이 많이 들어 있어서 혈액을 깨끗이 해주는 동시에 콜레스테롤을 청소해 주기 때문이다.

포도

천연 피로회복제, 포도   포도에는 각종 비타민과 단백질, 당질, 철분, 나트륨 등의 다양한 영양소가 함유되어 있어서 지친 체력을 회복하는 데 좋은 식품이다. 우리 몸에 에너지를 제공하는 포도당은 '포도에서 얻은 당'이라는 뜻으로, 설탕과 같은 당은 위에서 분해된 후 장으로 가서 흡수되는 반면 포도의 당분은 바로 소화, 흡수되어 피로회복 효과가 탁월하다.

프랑스인의 건강의 비밀   포도주를 많이 마시는 프랑스 사람들은 쇠고기, 양고기, 거위 간, 생크림 등 지방이 많은 음식을 먹어도 미국이나 다른 유럽 국가들에 비해 심혈관계질환 사망률이 낮다. 이는 적포도주의 붉은색 색소에 들어 있는 항산화물질 레스베라트롤resveratrol이 동맥경화나 고혈압, 심혈관계질환을 예방하기 때문이다.[102] 또한 레스베라트롤은 베타아밀로이드β-amyloid라는 비정상 단백질이 뇌에 축적되는 것을 막아 알츠하이머병alzheimer's disease의 발병을 억제한다.[103]

껍질, 씨까지 먹자   포도 씨에는 해독 · 살균 · 항암효과가 있는 카테킨catechin 성분이 포함되어 있고 껍질에는 비타민 E가 풍부하다. 포도 씨와 껍질에는 암세포의 증식을 막는 레스베라트롤이 풍부하기 때문에 암 예방에 훨씬 더 효과적이다.

블루베리

항암효과가 뛰어난 블루베리　블루베리의 짙은 보라색은 플라보노이드flavonoid계 안토시아닌anthocyanin으로 면역력을 높여 암을 예방하는 효과가 있다. 미국 일리노이대학 연구팀은 야생 블루베리에 함유되어 있는 프로안토시아니딘proanthocyanidin이 효과적인 암 저해작용을 한다고 보고하였다.[104]

세계 10대 장수식품　미국 타임지 선정 10대 장수식품의 하나인 블루베리에 풍부한 안토시아닌은 시각에 영향을 주는 로돕신rhodopsin이라는 물질의 재합성을 도와 시력 저하를 막고 눈의 기능을 좋게 한다. 또한 미국 농림부 농업연구소 알칸사스 어린이영양센터Arkansas Children`s Nutrition Center에서는 블루베리가 동맥경화 치료에 도움을 준다고 보고하였다.[105]

유제품과 함께 먹기　블루베리는 우유, 요구르트와 같은 유제품과 함께 섭취하면 비타민 E의 흡수를 도와주어 노화방지에 효과적이다. 미국 하버드 의대와 브릭함 여성병원 연구팀은 블루베리가 노화로 인한 인지능력 저하 속도를 늦추는 데 효과가 있다고 보고하였다.[106]

가지

혈관을 깨끗하게 해준다 가지는 대표적인 저칼로리 식품으로 단백질, 탄수화물, 칼륨, 인, 비타민 A와 C 등의 여러 가지 영양소들이 다양하게 함유되어 있다. 가지의 껍질에는 나수닌nasunin이라는 강력한 항산화작용을 하는 안토시아닌anthocyanin계 색소성분이 들어 있어 우리 몸에 여러 가지 좋은 작용을 한다. 특히, 지방을 잘 흡수하여 혈관 안의 노폐물을 분해하고 배설하는 효과가 있어서 혈액 내 콜레스테롤 수치를 낮추고 동맥경화를 예방한다. [107), 108), 109)]

암과 신경통을 예방하는 가지 가지의 보라색에는 안토시안anthocyan이나 레스베라트롤resveratrol 등의 파이토케미컬phytochemical이 풍부하여 암을 예방하고 노화를 방지하는 효과가 매우 뛰어나다. 특히, 가지는 소화기 계통의 암 억제에 효과적인 것으로 알려져 있다. 가지에 들어 있는 스코폴레틴scoipoletin과 스코파론scoparone이라는 물질은 경련을 억제하며 신경통을 완화시켜 주는 효과가 있다.

기름에 조리하자 가지의 안토시아닌 성분은 열에 안정적이고 소화도 잘 되므로 식물성 기름에 볶거나 튀겨 먹으면 콜레스테롤 수치를 낮춰 주는 리놀산linolic acid과 비타민 E를 효율적으로 섭취할 수 있다.

흑미

흑미의 영양　　흑미의 쌀겨 층에는 안토시아닌anthocyanin 색소와 감마오리자놀γ-oryzanol이 많이 들어 있어서 항산화효과가 뛰어나고 성인병과 암 예방에도 효과적이다.[110] 흑미에 함유된 식이섬유소는 변비 예방뿐 아니라 몸에 해로운 물질들을 배설시키고 과잉 섭취한 콜레스테롤이나 지방분도 함께 배설시키는 작용을 하여 동맥경화나 비만을 예방한다.

성장기 아이들의 필수식품　　흑미에는 성장기 아이들의 성장발달에 도움이 되는 단백질과 지방 외에도 비타민 B_1, B_2, E, 인, 철분, 칼슘 등의 비타민과 무기질이 풍부하다. 특히, 백미에 비해 라이신lysine이 많아 성장기 아이들의 발육을 도와준다. 이 외에도 흑미에는 셀레늄selenium이 풍부해 각종 암 예방에 효과적이며 시력 회복에도 도움을 준다. 미국 농무부 산하 농업연구소와 국내 아주대, 경북대 연구팀의 공동 연구 결과 흑미 쌀겨의 항염증 및 항알레르기효과가 입증되었다.[111]

불리지 말자　　흑미의 안토시아닌은 물에 잘 녹는 성질을 가지고 있으므로 밥을 지을 때 물에 오래 불리지 말고 씻어서 바로 조리하여 먹는 것이 좋다.

메밀

오방지영물 메밀

우리 조상들은 메밀이 흰 꽃, 파란 잎, 붉은 줄기, 노란 뿌리, 검은 열매 등의 오방색五方色을 지니고 있다 하여 '오방지영물五方之靈物'로서 귀하게 여겼다. 메밀은 탄수화물 식품이지만 라이신lysine, 아르기닌arginine, 루신leucine 등 필수 아미노산과 비타민 B군, 무기질을 풍부하게 함유하고 있는 영양학적으로 우수한 식품이다.

혈관을 튼튼하게 해주는 메밀

메밀에는 루틴rutin, 케르세틴quercetin과 같은 플라보노이드flavonoid성분이 함유되어 있으며 다른 곡류에 비하여 수용성 식이섬유소가 많아 혈중 콜레스테롤을 낮추고 혈압상승을 억제하며 혈당을 낮추는 데 도움이 된다.[112), 113)] 캐나다 매니토바대학University of Manitoba의 칼라 테일러 박사는 메밀의 카이로-이노시톨chiro-inositol이 혈당을 저하시키는 역할을 한다고 보고했다.

여름철 별미, 메밀국수

한방에서 메밀은 찬 성질이 있어서 더운 여름철에 열기와 습기가 많은 사람이 메밀을 먹으면 몸속에 쌓여 있던 열기와 습기가 빠져나가 몸이 가벼워지고 기운을 낼 수 있다고 하였다. 예로부터 여름철에 메밀로 만든 국수나 냉면을 먹은 것도 이 때문이다. 그러나 소화 기능이 약하고 찬 음식을 먹으면 설사를 자주 하는 사람은 너무 많이 먹지 않는 것이 좋다.

도토리

신석기시대부터 먹어온 도토리　　도토리는 1만 년 전부터 우리 선조가 먹었던 오랜 역사를 가진 식품으로, 1974년 서울 암사동에서 발견된 신석기시대 유적지에서도 도토리가 발견되었다. 도토리는 흉년이 들었을 때 배고픔을 달래던 구황작물로서 집집마다 양식이 떨어져 힘든 보릿고개를 견디게 한 요긴한 식량자원이었다.

다이어트 식품　　도토리묵은 한 접시(100g) 기준으로 칼로리가 56kcal밖에 되지 않는 저칼로리 식품으로, 지방 흡수를 억제하고 배설을 촉진하므로 다이어트에 매우 좋은 식품이다.[114] 도토리를 꾸준히 섭취하면 도토리에 풍부한 탄닌tannin을 비롯한 폴리페놀polyphenol성분이 혈액과 간 조직 내 지방 대사를 개선하여 다이어트에 도움이 된다.[115] 도토리 내피에 들어 있는 식이섬유소가 체내 지방량 및 체중 증가를 억제시켜 주는 것으로 보고되었다.[116]

설사를 멎게 하는 도토리　　《동의보감》을 비롯한 옛 문헌에서는 도토리묵을 섭취하면 심한 설사도 멈춘다고 했는데, 이는 도토리의 탄닌 성분이 변을 굳게 하고 위장에서 수렴작용을 하여 설사를 멈추게 하는 지사작용 때문이다.

복분자

항암식품   복분자에 든 탄닌tannin성분은 니코틴nicotine, 카페인caffeine 등의 독성물질인 알칼로이드alkaloid가 체내에 흡수되는 것을 막고 면역력을 높여 항암효과를 낸다. 복분자에는 인삼 약효의 주성분인 사포닌saponin성분도 있어 암은 물론 각종 성인병을 예방한다. 그 외에도 항산화작용을 하는 폴리페놀polyphenol과 신진대사를 돕는 플라보노이드flavonoid가 함유되어 있어 발암물질의 활성화를 막고 우리 몸을 건강하게 지켜준다.

당뇨병 예방에도 효과   인제대 식품생명과학부팀의 연구 결과에 의하면 당뇨병에 걸린 쥐에게 복분자 추출물과 전분을 먹인 결과 전분만 먹인 쥐보다 복분자를 함께 먹은 쥐의 식후 혈당이 50%가량 줄어들었다고 한다.[117]

자양강장제, 복분자   《동의보감》에서 '복분자(엎어질 복覆, 요강 분盆, 아들 자子)는 눈을 밝게 하며, 기운을 도와 몸을 가볍게 한다'고 기록되어 있다. 복분자에는 인, 철분, 칼륨 등의 무기질과 비타민 A와 C 등의 비타민이 풍부하다. 복분자의 베타시토스테롤β-sitosterol 성분은 이뇨작용을 돕고 담즙 분비를 촉진하므로 소변양이 적은 사람에게 효과적이며, 안토시아닌anthocyanin은 질병에 대한 면역력을 높이고 노화 억제에 효과적이다.[118],[119]

고사리

산에서 나는 쇠고기 예부터 봄비가 내린 후 새순이 돋을 때 채취한 고사리는 단백질이 풍부하여 '산에서 나는 쇠고기'라 하였다. 인도 국립 식물연구소와 미국 플로리다대학 University of Florida 공동 연구팀은 고사리와 같은 양치식물Pteridophyta, 羊齒植物이 항산화효과가 뛰어난 식물임을 보고하였다. [120]

면역력을 높이는 고사리 고사리는 생명력이 강한 식물로 유명하다. 산불이 난 후 제일 먼저 나오는 식물인 고사리는 생명력이 강한 만큼 우리 몸의 면역력도 강하게 해준다. 고사리에는 면역계의 일부인 보체계complement system를 활성화하는 성분이 들어 있어 외부에서 침입한 병원체를 효과적으로 제거한다. [121], [122]

고사리에 대한 오해 고사리는 정력을 떨어뜨리는 식품이라는 오해를 받고 있다. 이는 고사리에 비타민 B_1을 분해하는 티아미네이스thiaminase가 들어 있어서 생으로 많이 먹을 경우 비타민 B_1 결핍증인 각기병에 걸려 다리 힘을 못 쓰게 된다고 해서 나온 말이다. 하지만 식사를 통해 섭취하는 양으로는 각기병의 우려가 거의 없으며 고사리를 가열 조리해서 먹으면 티아미네이스가 파괴되므로 걱정하지 않아도 된다. [123]

결명자

우리 몸의 화학공장, 간　　간은 우리 몸의 장기 중에서 가장 크고 무거우며 그만큼 중요하고 하는 일도 많다. 간은 특히 영양소 대사에 중심적인 역할을 하는데, 우리가 먹은 음식물은 소화된 후 대부분 간으로 운반되어 저장되었다가 다시 간에서 합성되어 필요한 곳으로 이동한다. 《동의보감》에서는 결명자가 간의 기운을 돕는다고 했다.

결명자의 뜻　　한자로 '밝음을 결정한다'는 뜻을 가진 결명자決明子는 눈에 좋은 식품이다. 《신농본초경》에서는 "결명자는 눈이 붉고 눈물이 나오는 것을 다스리며, 간장에 생긴 열증인 간열과 바람을 쐬면 눈물이 흐르는 병증인 풍안을 다스린다"고 하였다. 결명자는 간을 보호하여 눈을 밝게 하므로 눈 건강에 아주 좋으며, 망막증에도 효과적임이 보고되었다.[124), 125), 126)]

항산화효과도 좋은 우수한 결명자　　간과 눈에 좋은 것 외에 결명자의 또 하나 중요한 기능은 항산화효과이다. 우리가 먹은 음식물은 몸속에서 대사되는 과정 중에 유해활성산소를 만들어 내는데, 결명자에 들어 있는 폴리페놀 polyphenol 화합물들은 유해활성산소의 생성을 억제하며 생체막이 파괴되는 것을 막아준다.[127)]

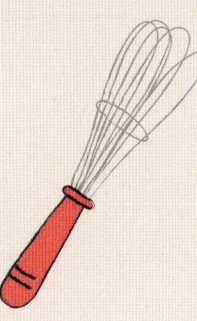

PART ❷

식약방食藥房
요리 사전

토마토 새우볶음밥

🍱 이렇게 준비해요

*2인분 기준

밥 2공기(400g) • 토마토 1개(100g) • 양파 ⅓개(70g) • 당근 ¼개(65g) • 칵테일 새우 50g • 맛술 1큰술 • 식용유 1큰술 • 다진 파 1큰술 • 다진 마늘 1작은술 • 소금 약간

🥘 이렇게 만들어요

1. 고슬고슬하게 지은 밥을 준비한다.
2. 토마토는 1×1cm로 썬다.
3. 양파와 당근은 0.5×0.5cm로 잘게 썬다.
4. 달궈진 팬에 식용유를 두르고 다진 파, 다진 마늘을 볶다가 양파, 당근, 토마토 순으로 넣고 볶는다.
5. 4에 새우를 넣고 볶다가 맛술을 한 큰술 넣는다.
6. 5에 밥을 넣고 밥알이 흩어지도록 잘 볶다가 기호에 맞춰 소금으로 간한다.

Tip 밥을 지을 때 홍국쌀이나 레드퀴노아를 넣으면 맛과 영양이 더욱 좋다.

시간이 없을 때는 간편하게!

- 합성착향료, 합성감미료(아스파탐), 합성착색료, 산화방지제(에리소르빈산)를 넣지 않음
- 전자레인지에 돌려도 환경호르몬이 나오지 않는 안심 내부 코팅 패키지

토마토 새우 볶음밥

토마토 부르스케타

🍅 이렇게 준비해요
* 2인분 기준

토마토 1개(100g) • 양파 ¼개(50g) • 바게트 ½개 • 검정 올리브 10개 • 올리브유 2큰술 • 레몬즙 1큰술 • 소금 약간 • 후춧가루 약간 • 바질잎 또는 깻잎 2~3장

🥢 이렇게 만들어요

1. 토마토와 양파는 깨끗하게 씻은 후 1×1cm로 깍둑썰기한다.
2. 검정 올리브는 0.2cm 두께로 얇게 썬다.
3. 1, 2의 재료에 올리브유와 레몬즙을 넣고, 소금과 후춧가루로 간을 한다.
4. 바게트 위에 3을 보기 좋게 올린다.
5. 바질잎 또는 깻잎 채 썬 것을 위에 올려 장식한다.

* 부르스케타(bruschetta) : 바게트에 치즈, 과일, 채소, 소스 등을 얹은 이탈리아 전채요리

Tip 바게트에 다진 마늘과 올리브유를 발라 오븐에 살짝 구운 후 사용하면 더욱 맛이 좋다.

토마토
수프

이렇게 준비해요

*2인분 기준

토마토 2개(200g) • 토마토페이스트 ½컵 • 양배추 ⅕통(200g) • 셀러리 1줄기 (50g) • 양파 ½개(100g) • 피망 ½개(50g) • 버터 1큰술 • 월계수잎 1~2장 • 소금 약간 • 후춧가루 약간

이렇게 만들어요

1. 토마토에 열 십(十)자로 칼집을 넣고 끓는 물에 살짝 데친 후 껍질을 벗긴다.
2. 토마토, 양배추, 양파, 피망은 1×1cm 크기로 자르고, 셀러리는 줄기 부분만 1cm 길이로 자른다.
3. 냄비에 버터를 넣고 녹으면 양파를 먼저 볶다가 피망, 양배추, 셀러리, 토마토 순으로 볶는다.
4. 국물이 자작하게 생기기 시작하면 토마토페이스트와 월계수잎을 넣고 30분 이상 푹 무르도록 끓인다.
5. 소금, 후춧가루로 간을 한다.

시간이 없을 때는 간편하게!

- 용기가 따로 필요하지 않아 바쁜 시간에 간편하게 마실 수 있음. 차갑게 바로, 또는 따뜻하게 데워서 섭취하는 냉장유통제품
- 합성착향료, 합성감미료, 합성착색료, MSG를 넣지 않음

바로 마시는 방울토마토스프

딸기타르트

🍴 이렇게 준비해요

*2인분 기준

딸기 10개(200g) • 버터 80g • 슈가파우더 30g • 달걀 노른자 1개 • 박력분 160g • 물 30mL • 소금 약간

아몬드크림 박력분 10g • 버터 60g • 슈가파우더 50g • 달걀 1개 • 아몬드 분말 50g
커스터드크림 박력분 10g • 달걀 노른자 2개 • 설탕 40g • 옥수수전분 10g • 우유 170mL • 버터 2g

🍡 이렇게 만들어요

1. 실온에 둔 버터에 슈가파우더와 소금을 넣고 달걀 노른자와 물을 순서대로 넣어 골고루 섞는다.
2. **1**에 체 친 박력분을 넣고 반죽하여 한 덩어리로 뭉친 후 30분간 냉장고에 넣어둔다.
3. 실온에 둔 버터에 슈가파우더를 넣고 고루 젓다가 달걀을 넣어 크림화 상태가 되면 체에 친 박력분과 아몬드 분말을 골고루 섞어 아몬드크림을 만든다.
4. 달걀 노른자와 설탕, 박력분, 옥수수전분, 우유를 섞어 체에 거른 후 반죽이 걸쭉해질 때까지 가열한 다음 불에서 내려 버터를 넣고 저어 커스터드크림을 만든다.
5. 반죽을 두께 3mm로 밀어 타르트 팬에 깔고 남은 반죽은 잘라낸다.
6. 아몬드크림을 짤주머니에 넣고 타르트 속을 채워준 후 180℃로 예열한 오븐에 약 30분간 굽는다.
7. 충분히 식힌 뒤 커스터드크림을 채우고 딸기를 반으로 잘라서 올린다.

딸기슬러시

🍓 이렇게 준비해요
*2인분 기준

딸기 20개(400g) • 딸기잼 2큰술 • 설탕 ¼컵(45g) • 얼음 적당량

🍥 이렇게 만들어요

1. 딸기는 깨끗하게 씻어 체에 밭쳐 물기를 뺀다.
2. 블렌더에 딸기와 딸기잼, 설탕, 얼음을 넣고 곱게 간다.
3. 컵에 담고 슬라이스한 딸기나 애플민트잎을 올린다.

딸기카나페

🍚 이렇게 준비해요

*2인분 기준

딸기 10개(200g) • 크래커 과자 20개 • 슬라이스 치즈 3장 • 생크림 $\frac{1}{2}$컵(100mL) • 설탕 약간

🍥 이렇게 만들어요

1. 딸기는 깨끗하게 씻어 체에 밭쳐 물기를 뺀 후 반으로 자르거나 얇게 자른다.
2. 슬라이스 치즈는 4등분 한다.
3. 생크림에 설탕을 넣고 거품기로 충분히 저어 거품을 낸다.
4. 크래커 과자 1개 위에 $\frac{1}{4}$등분한 치즈 1장을 올리고 크래커 1개로 덮는다.
5. **4**의 위에 거품을 낸 생크림을 짜서 올린 뒤 딸기를 얹는다.

사과탕수육

🍚 이렇게 준비해요

*2인분 기준

사과 2개(600g) • 돼지고기 안심 400g • 옥수수전분 1컵(130g) • 노란 파프리카 ¼개(50g) • 주황 파프리카 ¼개(50g) • 피망 ¼개(25g) • 오이 ½개(100g) • 소금 약간 • 식용유 적당량

고기 밑간 생강즙 1큰술 • 맛술 2큰술 • 사과 간 것 ½컵(100mL)
소스 식초 ½컵(100mL) • 물 1컵(200mL) • 사과 간 것 ½컵(100mL) • 설탕 2큰술 • 꿀 ¼컵 • 전분물 3큰술

🍳 이렇게 만들어요

1. 돼지고기는 한 입 크기로 썰고 생강즙, 맛술, 사과 간 것을 넣어 20분간 재둔다.
2. 옥수수전분에 물을 1 : 1 비율로 넣고 가라앉으면 물을 버리고 전분만 돼지고기에 섞어 반죽한다.
3. 반죽한 돼지고기를 180℃ 식용유에 튀긴다.
4. 사과를 깨끗이 씻어 껍질째 한 입 크기로 썬다.
5. 파프리카와 피망은 한 입 크기로 썰고, 오이는 동글동 글하게 썰어 팬에 식용유를 두른 후 살짝 볶아 소금으로 간한다.
6. 냄비에 식초, 물, 사과 간 것, 설탕, 꿀을 넣고 살짝 끓이다가 전분물을 넣고 걸쭉하게 농도를 맞춰 소스를 만든다.
7. 그릇에 튀긴 돼지고기와 준비한 사과, 채소를 얹고 소스를 끼얹는다.

봄동사과겉절이

🍴 이렇게 준비해요
*2인분 기준

사과 $\frac{1}{2}$개(150g) • 봄동 $\frac{1}{2}$개(130g) • 쪽파 3대(60g) • 양파 $\frac{1}{4}$개(50g) • 통깨 약간

양념장 고춧가루 2큰술 • 다진 마늘 1큰술 • 액젓 1$\frac{1}{2}$큰술 • 간장 1큰술 • 매실액 2큰술 • 설탕 $\frac{1}{2}$큰술 • 참기름 1큰술 • 소금 약간

🍳 이렇게 만들어요

1 봄동은 잎을 하나씩 떼어 씻은 후 물기를 없앤다.
2 봄동을 $\frac{1}{2}$ ~ $\frac{1}{4}$등분 하여 한 입 크기로 썬다.
3 사과는 0.2cm 두께, 반달 모양으로 얇게 썬다.
4 양파는 채 썰고, 쪽파는 4cm 길이로 자른다.
5 준비된 재료에 양념장을 넣고 골고루 버무린다.
6 그릇에 담고 통깨를 뿌려 낸다.

Tip   겉절이는 상에 내기 직전에 양념장에 무쳐내는 것이 좋다.

사과호두샐러드

🍎 이렇게 준비해요
*2인분 기준

사과 1개(300g) • 호두 2줌(50g) • 어린잎채소 1팩(100g)

드레싱   올리브유 2큰술 • 설탕 1큰술 • 레몬즙 4큰술 • 키위 1개 • 소금 약간

🍃 이렇게 만들어요

1   어린잎채소는 씻어서 건져 물기를 뺀다.
2   호두는 식용유를 두르지 않은 팬에서 약한 불로 타지 않게 볶는다.
3   사과는 씻어서 껍질째 5cm 길이로 채 썬다.
4   드레싱 재료를 믹서기에 넣고 곱게 간다.
5   그릇에 채 썬 사과, 볶은 호두, 어린잎채소를 담고 드레싱을 따로 낸다.

팥죽

🍵 이렇게 준비해요
*2인분 기준

팥 2컵(300g) • 쌀 ½컵(100g) • 물 8컵(1.6L) • 설탕 3큰술 • 소금 1작은술

새알심 찹쌀가루 1컵(100g) • 뜨거운 물 3큰술 • 소금 약간

🥄 이렇게 만들어요

1. 쌀은 씻어 2시간 이상 불린 뒤 물기를 뺀다.
2. 냄비에 팥을 넣고 물 3컵을 부은 후 끓으면 따라내고, 다시 물 5컵을 부어 팥이 푹 무를 때까지 삶는다.
3. 삶은 팥은 체에 걸러 껍질은 버리고 앙금은 가라앉힌다.
4. 찹쌀가루는 뜨거운 소금물에 익반죽하여 지름 1cm 정도로 동그랗게 빚는다.
5. 냄비에 팥을 가라앉힌 물의 윗물만 따라서 붓고 불린 쌀을 넣은 다음 저어가며 끓인다.
6. 쌀알이 퍼지기 시작하면 팥 앙금과 새알심을 넣고 새알심이 떠오르면 설탕과 소금을 넣는다.
7. 그릇에 보기 좋게 담아낸다.

찹쌀팥떡

🍚 이렇게 준비해요
*2인분 기준

팥 앙금 250g • 찹쌀가루 4컵(400g) • 설탕 1큰술 • 소금 ½작은술 • 뜨거운 물 ½컵(100mL) • 호두 5개 • 잣 1작은술 • 옥수수전분 1컵(130g)

🍙 이렇게 만들어요

1. 호두와 잣은 식용유를 두르지 않은 팬에서 약한 불로 타지 않게 볶은 뒤 잘게 다진다.
2. 팥 앙금에 호두와 잣을 넣고 고루 섞어서 지름 3cm 정도로 동그랗게 빚는다.
3. 찹쌀가루에 설탕, 소금, 뜨거운 물을 넣어 익반죽한 후 랩을 씌우고 전자레인지에서 2분 정도 돌린다.
4. 반죽을 치댄 뒤 다시 랩을 씌어 1분 30초간 전자레인지에 돌린다. 이 과정을 3번 정도 반복한다.
5. 반죽에 옥수수전분을 묻혀 알맞은 크기로 자른다.
6. 반죽을 동그랗게 빚어 팥 앙금을 넣고 오무려 모양을 잡는다.

Tip 옥수수전분 대신 고구마전분, 감자전분을 사용해도 된다.

팥젤리

🍚 이렇게 준비해요
*2인분 기준

팥 앙금 200g • 판젤라틴 20g(10장) • 우유 1½컵(300mL) • 설탕 1큰술 • 레몬즙 2작은술

🍥 이렇게 만들어요

1. 판젤라틴은 찬물에 10분간 담가 부드럽게 불린다.
2. 냄비에 팥 앙금, 설탕, 우유와 레몬즙을 넣고 고루 젓다가 따뜻하게 데워지면 불을 끈다.
3. 불려놓은 젤라틴을 두 번에 나누어 넣고 잘 섞는다.
4. 틀에 부어 냉장고에서 2시간 정도 굳힌다.

Tip 판젤라틴 대신 가루젤라틴을 사용해도 된다.

비트 오이피클

이렇게 준비해요
*2인분 기준

비트 ½개(250g) • 오이 1개(200g) • 무 ¼개(250g) • 양파 ½개(100g)

초절임물 물 3컵(600mL) • 설탕 1½컵(255g) • 식초 1½컵(300mL) • 소금 1½큰술 • 피클링스파이스 3작은술 • 통후추 1큰술

이렇게 만들어요

1. 비트와 무는 껍질을 벗긴 후 1×1×3cm의 막대 모양으로 자른다.
2. 오이는 깨끗하게 손질하여 0.5cm 두께의 원형으로 자른다.
3. 양파는 껍질을 벗겨 3×3cm 크기로 자른다.
4. 냄비에 물, 설탕, 식초, 소금, 피클링스파이스, 통후추를 넣고 센 불에서 끓기 시작하면 3분 정도 더 끓여 초절임물을 만든다.
5. 유리병에 비트, 오이, 무, 양파를 골고루 담고 초절임물을 부어 하루 정도 상온보관 후 냉장 저장한다.

Tip 양배추, 콜리플라워, 고추 등을 함께 넣으면 더욱 맛이 좋다.

시간이 없을 때는 간편하게!

- 5색 채소로 담근 피클 단지
- 국내산 채소 사용
- 빙초산, 사카린, 합성착색료를 넣지 않음

붉은 단지

비트수프 보르쉬

🍚 이렇게 준비해요

*2인분 기준

비트 1개(500g) • 양파 1개(200g) • 양배추 ⅓통(130g) • 감자 2개(400g) • 당근 ½개(125g) • 토마토페이스트 1캔(혹은 껍질 벗긴 토마토 2~3개) • 버터 1큰술 • 식용유 1큰술 • 소금 약간 • 후춧가루 약간 • 월계수잎 1~2장

육수 돼지갈비 300~400g • 물 5컵(1L) • 양파 1개(200g) • 통후추 약간

🍲 이렇게 만들어요

1 찬물에 돼지갈비를 30분 정도 담가두어 핏물을 뺀다.
2 냄비에 물을 1L 넣고 끓으면 돼지갈비와 양파, 통후추를 넣고 1시간 이상 끓여 육수를 만든다.
3 돼지갈비를 살만 발라내어 한 입 크기로 썬다.
4 비트와 당근은 4~5cm 길이로 채 썰고, 감자와 양배추, 양파는 2×2×0.2cm로 얇게 썬다.
5 팬에 식용유를 두르고 감자부터 볶다가 어느 정도 익으면 양파와 양배추를 넣고 함께 볶는다.
6 냄비에 버터를 녹여 채 썬 비트와 당근, 토마토페이스트를 넣고 약한 불에서 볶다가 육수 ½컵과 월계수잎을 넣어 30분 정도 끓인다.
7 6에 5와 육수를 모두 넣고 푹 끓인 후 소금, 후춧가루로 기호에 맞게 간을 한다.

* 보르쉬(borsch) : 러시아와 폴란드에서 즐겨먹는 비트와 토마토를 넣은 수프

Tip 담아낼 때 사워크림을 한 숟가락 얹고 바게트빵을 곁들이면 한 끼 식사로도 충분하다.

비트찰떡

🍙 이렇게 준비해요

*2인분 기준

찹쌀가루 2컵(200g) • 비트즙 3큰술 • 설탕 2큰술 • 크랜베리 30g • 잣 1큰술 (20개) • 밤 3개 • 호두 3개 • 대추 3개

🍙 이렇게 만들어요

1 잣과 호두는 식용유를 두르지 않은 팬에서 약한 불로 타지 않게 볶은 후 호두는 잘게 자른다.
2 밤은 껍질을 제거하여 $\frac{1}{2} \sim \frac{1}{4}$ 등분 한다.
3 대추는 씨를 빼서 채 썰거나 돌돌 말아 동그랗게 썬다.
4 찹쌀가루에 비트즙, 설탕을 넣고 잘 섞는다.
5 전자레인지용 그릇에 **4**를 담고 랩을 씌운 후 전자레인지에서 2분 정도 돌린다.
6 반죽을 치댄 뒤 다시 랩을 씌어 1분 30초간 전자레인지에 돌린다. 이 과정을 3번 정도 반복한다.
7 반죽에 찰기가 생기면 크랜베리와 잣, 밤, 호두, 대추를 넣고 잘 섞는다.
8 용기에 랩을 깔고 반죽을 넣어 식힌 후 적당한 크기로 자른다.

Tip 떡 반죽의 농도는 비트즙으로 맞추며, 색상이 너무 진할 경우엔 물을 넣어 조절한다.

당근머핀

🍽 이렇게 준비해요
*2인분 기준

밀가루 210g • 설탕 180g • 베이킹파우더 2작은술 • 당근 ½개(125g) • 견과류 70g • 카놀라유 150mL • 달걀 3개 • 시나몬파우더 1작은술

🍥 이렇게 만들어요

1. 당근은 깨끗하게 씻어 3cm 길이로 채 썬다.
2. 가루(밀가루, 베이킹파우더, 시나몬파우더)류는 체에 친다.
3. 달걀을 풀어 설탕을 넣고 잘 저어 설탕이 녹게 한다.
4. 3에 카놀라유를 조금씩 넣어가며 섞는다.
5. 4에 밀가루, 베이킹파우더, 시나몬파우더를 넣고 주걱으로 섞는다.
6. 머핀 틀에 반죽을 80% 정도 채워 180℃로 예열된 오븐에서 25~30분간 굽는다.

Tip 카놀라유 대신 다른 오일류를 사용해도 좋으나 향이 강한 기름은 피하는 것이 좋다.

당근피클

🍚 이렇게 준비해요
*2인분 기준

당근 2개(500g) • 양파 ¼개(50g) • 붉은 고추 1개(15g) • 풋고추 2개(30g)

초절임물 식초 1컵(200mL) • 물 1¼컵(250mL) • 설탕 1컵(170g) • 소금 4큰술 • 정향 1큰술 • 월계수잎 1개

🥘 이렇게 만들어요

1. 당근은 1×1×3cm 막대 모양으로 썰고 양파도 당근과 같은 크기로 썬다.
2. 붉은 고추와 풋고추는 굵직하게 어슷썬 뒤 털어서 씨를 뺀다.
3. 냄비에 식초, 물, 설탕, 소금, 정향, 월계수잎을 넣고 끓여 초절임물을 만든다.
4. 소독한 유리병에 당근, 양파, 붉은 고추, 풋고추를 넣고 초절임물을 붓는다.
5. 한 김 식힌 후 병뚜껑을 닫는다.

Tip 오이, 파프리카, 브로콜리, 셀러리 등 다양한 채소를 함께 넣어도 좋다.

시간이 없을 때는 간편하게!
- 5색 채소로 담근 피클 단지
- 국내산 채소 사용
- 빙초산, 사카린, 합성착색료를 넣지 않음

노란 단지

당근 파인애플볶음밥

이렇게 준비해요

*2인분 기준

밥 2공기(400g) • 대파 ⅓대(27g) • 식용유 1큰술 • 파인애플 40g • 오징어 20g • 칵테일새우 10g • 다진 마늘 1작은술 • 맛술 1큰술 • 날치알 10g • 양파 ⅓개 (70g) • 당근 ¼개(65g) • 소금 약간

이렇게 만들어요

1. 고슬고슬하게 지은 밥을 준비한다.
2. 양파, 당근, 파인애플과 해산물은 잘게 썰고, 대파는 곱게 다진다.
3. 달궈진 팬에 식용유를 두르고 다진 대파, 마늘을 볶는다.
4. 3에 양파, 당근, 해산물을 넣고 볶다가 맛술을 넣는다.
5. 4에 밥과 날치알, 파인애플을 넣고 밥알이 흩어지도록 잘 볶은 후 소금으로 간한다.

Tip 밥을 지을 때 강황쌀이나 렌틸콩을 넣으면 맛과 영양이 더 높아진다.

시간이 없을 때는 간편하게!

- 합성착향료, 합성감미료(아스파탐), 합성착색료, 산화방지제(에리소르빈산)를 넣지 않음
- 전자레인지에 돌려도 환경호르몬이 나오지 않는 안심 내부 코팅 패키지

파인애플 씨푸드 볶음밥

단호박수프

🍲 이렇게 준비해요

* 2인분 기준

단호박 1개(450g) • 우유 1컵(200mL) • 생크림 ¼컵(50mL) • 설탕 1큰술 • 소금 약간

🥘 이렇게 만들어요

1. 단호박은 반으로 잘라 전자레인지에 7분 정도 돌린 후 껍질을 벗기고 깍둑썬다.
2. 한 김 식힌 찐 단호박을 분량의 우유와 함께 믹서기에 간다.
3. 간 재료를 냄비에 넣고 생크림과 설탕, 소금을 넣고 끓인다.

Tip 찐 단호박을 얇게 썰어 올리거나 크루통을 올려 내면 보기에도 좋고, 맛도 더 좋다.

시간이 없을 때는 간편하게!

- 용기가 따로 필요하지 않아 바쁜 시간에 간편하게 마실 수 있음. 차갑게 바로, 또는 따뜻하게 데워서 섭취하는 냉장유통제품
- 합성착향료, 합성감미료, 합성착색료, MSG를 넣지 않음

바로 마시는 단호박스프

단호박찰밥

🍯 이렇게 준비해요
*2인분 기준

단호박 1개(450g) • 팥 ½컵(75g) • 불린 찹쌀 2컵 • 밤 5개 • 대추 3개 • 은행 5개 • 소금 약간

🍯 이렇게 만들어요

1 단호박은 윗부분을 뚜껑처럼 잘라 내고 씨를 뺀다.
2 찹쌀은 30분 정도 불린다.
3 팥은 깨끗이 씻어 물을 붓고 끓으면 첫물을 버리고 다시 물을 부어 푹 익을 때까지 삶는다.
4 밤은 4등분 하고, 대추는 씨를 뺀 후 4등분 한다.
5 삶은 팥, 팥물, 불린 찹쌀, 밤, 대추, 은행을 섞는다.
6 단호박에 섞은 재료를 넣고 찜통에서 40분 정도 찐다.
7 통으로 올리거나 먹기 좋은 크기로 잘라서 낸다.

Tip 물 대신 팥 삶은 물을 함께 사용하는 것이 색도 예쁘고 영양도 좋다.

단호박
꿀조림

🍚 이렇게 준비해요
*2인분 기준

단호박 1개(450g) • 대추 3개(10g) • 잣 40개(20g)

시럽 꿀 3큰술 • 물 $\frac{1}{2}$컵(100mL)

🥮 이렇게 만들어요

1 단호박은 쪄서 세로로 조각을 내어 자르고, 대추는 씨를 뺀 후 말아서 채 썬다.
2 달궈진 팬에 시럽을 붓고 보글보글 끓으면 단호박을 넣은 후 시럽을 계속해서 끼얹어주면서 조린다.
3 자작하게 조려지면, 대추 고명과 잣을 위에 올린다.

귤연두부 샐러드

🍵 이렇게 준비해요

*2인분 기준

귤 2개(160g) • 연두부 ½모(100g) • 양상추 ¼통(120g) • 빨간 파프리카 ¼개(50g) • 노란 파프리카 ¼개(50g)

귤소스　귤즙 4큰술 • 귤껍질 채 1큰술 • 설탕 1큰술 • 식초 ½큰술 • 올리브유 1큰술 • 소금 약간

🥢 이렇게 만들어요

1　귤은 껍질을 벗기고 알맹이를 작게 자른다.
2　연두부는 사방 1cm 크기로 깍둑썰기한다.
3　양상추는 씻어서 물기를 없애고 손으로 한 입 크기로 뜯는다.
4　파프리카는 4cm 길이로 채 썬다.
5　귤소스 재료는 모두 섞어 드레싱으로 준비한다.
6　준비한 재료들을 접시에 담고 드레싱을 뿌리거나 따로 담아낸다.

Tip　방울토마토, 치커리, 어린잎채소 등을 함께 사용하여도 좋다.

굴잼

🍊 이렇게 준비해요
*2인분 기준

귤 10개(800g) • 설탕 400g • 레몬즙 2큰술 • 올리고당 ½컵(100mL) • 소금 약간

🍃 이렇게 만들어요

1. 귤은 소금으로 문질러 깨끗이 씻어 물기를 닦아낸 다음 꼭지를 떼고 믹서기에 껍질째 넣고 거칠게 간다.
2. 갈아진 귤과 설탕을 잘 섞은 뒤 냄비에 넣고 끓인다.
3. 어느 정도 끈적한 상태가 되면 레몬즙과 올리고당을 넣고 걸쭉하게 조린다.
4. 잘 소독된 유리병에 담아 식힌 후 뚜껑을 닫는다.

Tip 잼을 만들 때 찬물에 떨어뜨려 보아 퍼지지 않고 그대로 가라앉으면 다 된 것이다.

시간이 없을 때는 간편하게!

- 설탕을 넣지 않고 과일 농축액 사용. 저온농축, 급속냉각으로 맛과 영양을 살림
- 합성착향료, 착색료, 합성감미료, 산도조절제, 보존료를 넣지 않음

설탕을 넣지 않은 감귤잼

귤컵케이크

🍊 이렇게 준비해요

*2인분 기준

귤 2~3개(200g) • 박력분 220g • 달걀 2개 • 버터 120g • 설탕 200g • 베이킹파우더 6g • 소금 2g • 우유 125mL • 생크림 적당량

🥄 이렇게 만들어요

1. 믹서기에 귤을 넣고 간 뒤 체에 걸러 즙을 받는다.
2. 버터는 잘 저어 크림화시킨 다음 설탕, 소금을 넣고 섞은 뒤 달걀을 2~3번 나누어 섞는다.
3. 미리 체쳐둔 박력분과 베이킹파우더를 섞은 뒤 귤즙을 넣고 잘 섞는다.
4. 머핀 틀에 기름종이를 깔고 반죽을 70% 정도 채운 뒤 180℃ 예열된 오븐에서 20~25분간 굽는다.
5. 한 김 식힌 후에 생크림을 짤주머니에 넣어 컵케이크 위에 얹고 귤 알맹이로 장식한다.

Tip 컵케이크 위에 귤 알맹이 대신에 귤잼이나 귤말랭이 혹은 귤칩을 올려도 좋다.

고구마스무디

🍲 이렇게 준비해요　　　　　　　　　　＊ 2인분 기준

찐 고구마(大) ½개(120g) • 우유 1컵(200mL) • 호두 4~5개 • 땅콩 5개

🍘 이렇게 만들어요

1. 고구마는 쪄서 익힌 뒤 껍질을 벗긴다.
2. 호두는 껍질을 벗긴다.
3. 우유에 찐 고구마, 호두, 땅콩을 넣고 핸드블렌더나 믹서기로 곱게 간다.

Tip　바나나를 넣으면 맛과 향이 더 좋아지며, 기호에 따라 시럽을 넣거나 얼음을 넣어도 좋다.

고구마 옥수수전

🍱 이렇게 준비해요
*2인분 기준

고구마 2개(300g) • 옥수수알 ⅔컵(150g) • 부침가루 20큰술 • 물 6큰술 • 소금 약간 • 식용유 적당량

🍳 이렇게 만들어요

1. 고구마는 껍질을 벗긴 후 1개는 2×2cm로 깍둑썰고, 나머지 1개는 3cm 길이로 채 썬다.
2. 깍둑썰기한 고구마와 옥수수알 1큰술, 물 6큰술을 넣고 믹서기에 간다.
3. 믹서기에 간 고구마에 부침가루, 채 썬 고구마, 나머지 옥수수알과 소금을 넣고 반죽한다.
4. 팬에 식용유를 넉넉히 두르고 동그랗게 전을 부친다.

Tip 각종 채소들을 잘게 다져 반죽에 함께 섞어주면 색도, 맛도 좋다.

고구마맛탕

🍠 이렇게 준비해요
*2인분 기준

고구마 3개(450g) • 아몬드 50g • 얼음물 • 검은깨 1큰술

설탕 시럽 설탕 ⅔컵(115g) • 포도씨유 2큰술

🍪 이렇게 만들어요

1. 고구마는 껍질을 벗겨서 한 입 크기(2×2cm)로 깍둑썰기한다.
2. 접시에 담아 랩을 씌우지 않고 전자레인지에 고구마가 익을 때까지 3분 정도 돌려준다.
3. 팬에 분량의 설탕과 포도씨유를 넣고 갈색을 띠며 녹을 때까지 끓이다가 고구마와 아몬드를 넣고 재빠르게 볶는다.
4. 서로 붙지 않게 얼음물을 바른 쟁반 위에 펼쳐둔다.
5. 검은깨를 뿌려 담아낸다.

유자주머니

이렇게 준비해요
*2인분 기준

유자 2개(200g) • 밤 4개 • 대추 6개 • 석이버섯 4g • 꿀 2큰술 • 설탕 5큰술 • 명주실

시럽 물 3컵(600mL) • 설탕 3컵(510g) • 꿀 3큰술

이렇게 만들어요

1 물 3컵, 설탕 3컵, 꿀 3컵을 냄비에 넣고 젓지 않고 끓인 후 식혀 시럽을 만든다.
2 유리병을 끓는 물로 소독한 후 물기가 마를 때까지 식힌다.
3 석이버섯은 물에 불려 돌기 부분을 제거하고 깨끗하게 씻은 후 돌돌 말아 채 썬다.
4 밤은 껍질을 벗겨 채 썰고, 대추는 반으로 갈라 씨를 뺀 후 채 썬다.
5 유자를 뜨거운 물에 살짝 데친 다음 필러를 이용하여 얇게 겉껍질만 벗긴다.
6 꼭지 부분이 아래로 가게 해서 끝 부분을 남기고 십자로 잘라 속을 긁어내며 씨와 흰 심지도 발라낸다.
7 다듬은 재료에 꿀 2큰술과 설탕 5큰술을 넣고 골고루 버무려 손질한 유자 껍질 속에 채워 넣는다.
8 속을 채운 유자는 명주실을 이용하여 풀어지지 않도록 단단하게 동여맨 후 병에 담고 시럽을 부어준다.
9 숙성시켰다가 차갑게 해서 먹거나 뜨거운 차로 우려내 마신다.

Tip 유자는 단단한 것을 사용하는 것이 좋다.

유자스콘

🍴 이렇게 준비해요
*2인분 기준

박력분 250g • 버터 80g • 우유 60g • 베이킹파우더 5g • 설탕 30g • 초코칩 50g • 유자청 1큰술(15g) • 우유 1큰술 • 달걀 푼 것 약간

🍪 이렇게 만들어요

1. 가루류(박력분, 베이킹파우더, 설탕)는 미리 체쳐 놓는다.
2. 볼에 가루류를 넣고 차가운 버터를 넣어 스크래퍼로 잘게 자르면서 보들보들한 상태가 될 때까지 섞는다.
3. 2에 우유, 유자청, 초코칩을 넣고 섞는다.
4. 반죽이 한 덩이가 되면 비닐에 넣고 냉장고에서 30분 정도 둔다.
5. 휴지시킨 반죽을 밀대로 밀어 3번 접기 해서 삼각형 모양으로 자른다.
6. 오븐 팬에 놓고 반죽 표면에 달걀물을 발라 180℃에서 25분 정도 굽는다.

유자 삼치구이

이렇게 준비해요
*2인분 기준

삼치 1마리(350g)

드레싱 유자청 3큰술(45g) • 물 2큰술 • 식초 5g • 레몬 슬라이스 15g • 식용유 1큰술

이렇게 만들어요

1. 삼치는 머리와 꼬리, 지느러미를 잘라내고 물에 잘 씻은 뒤 5~6cm 크기로 토막 낸다.
2. 삼치에 소금을 뿌려 20분간 재둔다.
3. 유자청 건더기는 잘게 다진다.
4. 팬에 식용유를 두르고 노릇하게 굽는다.
5. 냄비에 유자청과 물, 식초, 레몬 슬라이스를 넣고 한 번 끓여서 드레싱을 만든다.
6. 구운 삼치에 드레싱을 두르고 살짝 조린다.

Tip 삼치 대신에 갈치를 사용하여도 좋다.

시금치수프

🍵 이렇게 준비해요

*2인분 기준

시금치 ½단(200g) • 감자 ½개(100g) • 대파 ¼대(20g) • 양파 ¼개(50g) • 식빵 ½장 • 생크림 350mL • 물 1컵(200mL) • 파마산 치즈가루 2큰술 • 버터 1큰술 • 후춧가루 약간 • 소금 약간

🍥 이렇게 만들어요

1. 시금치 뿌리는 손질하여 깨끗이 씻는다.
2. 감자와 양파는 채 썰고, 대파는 송송 썬다.
3. 냄비에 버터를 넣고 녹인 뒤 대파와 양파를 넣어 약한 불에서 볶다가 감자를 넣는다.
4. 물 1컵을 붓고 감자가 익을 때까지 5분간 끓인다.
5. 시금치를 넣고 2분간 더 끓인다.
6. 식빵은 1×1cm 크기로 썰어 달궈진 팬에 버터를 녹이고 약한 불에서 노릇한 색이 나도록 구워 크루통을 만든다.
7. 시금치가 익으면 핸드블렌더로 재료들을 곱게 갈아준 후 생크림과 파마산 치즈가루를 넣고 약한 불에서 서서히 끓인다.
8. 끓어오르기 시작하면 농도를 맞춰 그릇에 담고 크루통을 뿌린다.

시간이 없을 때는 간편하게!

- 용기가 따로 필요하지 않아 바쁜 시간에 간편하게 마실 수 있음. 차갑게 바로, 또는 따뜻하게 데워서 섭취하는 냉장유통제품
- 합성착향료, 합성감미료, 합성착색료, MSG를 넣지 않음

바로 마시는 그린스프

시금치조개 된장국

이렇게 준비해요

*2인분 기준

시금치 ½단(200g) • 모시조개 100g • 멸치육수 4컵(800mL) • 된장 1큰술 • 고춧가루 1작은술 • 소금 약간

멸치육수 물 4컵(800mL) • 멸치 6~7마리 • 다시마 5g(5×10cm) 1장

이렇게 만들어요

1. 모시조개는 소금을 넣어 해감시키고 시금치 뿌리는 손질하여 깨끗이 씻는다.
2. 분량의 물에 멸치와 다시마를 넣고 끓기 시작하면 다시마를 건져내고 한소끔 더 끓으면 멸치도 건져내어 육수를 만든다.
3. 육수가 끓기 시작하면 모시조개를 넣는다.
4. 국물에 된장을 풀고 고춧가루를 넣는다.
5. 뚜껑을 열고 손질해 둔 시금치를 넣은 다음 시금치가 익을 때까지 끓인다.

Tip   기호에 따라 고추를 곁들여도 맛이 좋다.

시금치잡채

🍚 이렇게 준비해요
* 2인분 기준

시금치 ½단(200g) • 새송이버섯 1개(100g) • 당근 ¼개(50g) • 당면 100g • 양파 ¼개(50g) • 문어 ⅓컵(70g) • 식용유 3큰술 • 참기름 1큰술 • 통깨 1작은술 • 다진 마늘 ½큰술 • 다진 파 ½큰술 • 소금 약간

당면 양념 간장 1큰술 • 설탕 1작은술

🥘 이렇게 만들어요

1   시금치는 씻어서 한 줄기씩 떼어낸 후 소금물에 살짝 데친다.
2   새송이버섯과 당근, 양파는 4cm 길이로 채 썬다.
3   문어는 4cm 길이로 썰어 소금물에 살짝 데친다.
4   당면은 불려서 물기를 없애고, 적당한 길이로 자른 후 당면 양념을 넣고 볶는다.
5   팬에 식용유를 두르고 다진 마늘, 다진 파를 볶다가 향이 나면 양파, 당근, 새송이버섯과 문어를 넣고 볶는다.
6   5에 1의 시금치와 참기름, 통깨를 넣고 버무린다.

쑥영양밥

🍚 이렇게 준비해요
* 2인분 기준

쑥 100g • 멥쌀 2컵(400g) • 찹쌀 ⅓컵(70g) • 조 ¼컵(40g) • 물 2컵(400mL) • 소금 약간

🍥 이렇게 만들어요

1 멥쌀과 찹쌀은 30분 정도 불린 뒤 물기를 빼고 조는 깨끗이 씻는다.
2 쑥은 연한 잎으로 골라 씻어서 끓는 물에 소금을 약간 넣고 살짝 데친다.
3 멥쌀과 찹쌀을 넣고 끓이다가 한 번 끓어오르면 조와 데친 쑥을 넣고 소금으로 간하여 밥을 짓는다.

Tip 밤, 고구마, 당근 등을 넣으면 맛과 영양이 더욱 좋다.

쑥버무리

🍚 이렇게 준비해요

* 2인분 기준

쑥 50g(한 움큼) • 쌀가루 3컵(300g) • 설탕 4큰술 • 물 4큰술 • 소금 1작은술

🍥 이렇게 만들어요

1. 쑥은 여린 잎으로 골라 깨끗이 씻어 물기를 뺀다.
2. 쌀가루에 소금과 설탕을 넣고 간을 맞춘 후 물을 넣고 비벼 체에 내린다.
3. 쌀가루에 쑥을 섞어 김이 오른 찜통에서 20분간 찐다.

Tip 찜통에 넣을 때 반죽을 뿌려주듯이 펴서 넣어야 떡이 뭉치지 않는다.

애탕

🍵 이렇게 준비해요

*2인분 기준

쑥 50g(한 움큼) • 쇠고기(우둔살) 100g • 잣 1큰술 • 밀가루 3큰술 • 식용유 약간 • 육수 6컵(1.2L) • 국간장 1작은술 • 소금 ½큰술 • 달걀 2개

고기 양념 간장 1작은술 • 다진 파 ½작은술 • 다진 마늘 1작은술 • 참기름 1작은술 • 후춧가루 약간 • 깨소금 약간

육수 양지 200g • 무 100g • 대파 1대 • 마늘 3톨 • 물 8컵(1.6L)

🥢 이렇게 만들어요

1. 쑥은 연한 것으로 골라 끓는 물에 소금을 넣고 데친 뒤 물기를 꼭 짜서 곱게 다진다.
2. 쇠고기도 곱게 다진다.
3. 다진 고기와 다진 쑥을 잘 섞고 고기 양념을 한 다음 잣을 넣고 지름 1.5cm 크기로 완자를 빚는다.
4. 완자에 밀가루를 살짝 입히고 달걀을 씌워 식용유 두른 팬에 굴려가며 지진다.
5. 육수가 끓으면 국간장과 소금으로 간을 하고 완자를 넣어 한소끔 끓인다.
6. 달걀은 노른자와 흰자를 나누어 황·백지단을 부쳐 1cm 크기의 마름모꼴로 썰어 장식한다.

키위잼

🍴 이렇게 준비해요

*2인분 기준

키위 5개 • 설탕 1컵(170g) • 레몬즙 2큰술

🥢 이렇게 만들어요

1. 키위는 껍질을 벗겨 0.5cm 두께로 자른다.
2. 냄비에 키위와 설탕, 레몬즙을 넣어 잘 섞은 다음 30분쯤 실온에 둔다.
3. **2**를 불에 올려 센 불에서 끓인다.
4. 거품이 올라오면 걷어내고, 중불에서 20분 정도 저어가며 끓인다.
5. 잘 소독된 유리병에 담아 식힌 후 뚜껑을 닫아 보관한다.

Tip 키위 가운데 하얀 심지 부분은 단단하므로 도려내고 사용하는 것이 좋다. 찬물에 떨어뜨려 보았을 때 퍼지지 않고 그대로 가라앉으면 완성된 것이다.

시간이 없을 때는 간편하게!

- 설탕을 넣지 않고 과일 농축액 사용, 저온농축, 급속냉각으로 맛과 영양을 살림
- 합성착향료, 착색료, 합성감미료, 산도조절제, 보존료를 넣지 않음

설탕을 넣지 않은 키위잼

키위케일주스

🍴 이렇게 준비해요
*2인분 기준

키위 3개 • 케일 3잎(50g) • 물 또는 얼음 1컵(200mL)

🥘 이렇게 만들어요

1. 케일은 깨끗하게 씻어 물기를 없애고 잘게 자른다.
2. 키위는 껍질을 벗기고 잘게 자른다.
3. 블렌더에 케일과 키위, 물 또는 얼음을 넣고 곱게 간다.

Tip 기호에 따라 키위와 케일의 양을 조절하고 시럽 또는 올리고당을 넣어도 좋다.

키위샐러드

🍴 이렇게 준비해요

* 2인분 기준

키위 2개 • 오렌지 1개 • 양상추 3장

드레싱 떠먹는 요구르트 1개(110g) • 퓨레 1큰술

🥄 이렇게 만들어요

1. 키위와 오렌지는 껍질을 벗기고 적당한 크기로 자른다.
2. 양상추는 손으로 먹기 좋은 크기로 찢어 찬물에 담갔다가 건져 물기를 뺀다.
3. 떠먹는 요구르트와 퓨레를 섞어 드레싱을 만든다.
4. 접시에 양상추, 키위, 오렌지를 보기 좋게 담는다.
5. 드레싱을 끼얹거나 따로 곁들인다.

Tip 기호에 따라 다양한 과일(방울토마토, 딸기, 귤 등)이나 견과류(호두, 아몬드 등)를 곁들여도 좋다.

시간이 없을 때는 간편하게!
- 설탕을 넣지 않고, 과일 농축액을 넣음. 저온농축, 급속 냉각으로 맛과 영양을 살림
- 무첨가 : 합성착향료, 착색료, 합성감미료, 산도조절제, 보존료를 넣지 않음

설탕을 넣지 않은 과일통통 키위퓨레

브로콜리덮밥

🍚 이렇게 준비해요

* 2인분 기준

밥 2공기(400g) • 브로콜리 1개(100g) • 쇠고기(등심) 40g • 양송이버섯 2개(50g) • 양파 ¼개(50g) • 파프리카 ⅛개(25g) • 건고추 1개 • 마늘 2톨 • 대파 ¼대(20g) • 전분 1큰술 • 참기름 1작은술 • 소금 약간 • 후춧가루 약간 • 식용유 적당량

양념 간장 ⅓큰술 • 소금 ½작은술 • 굴소스 ⅓작은술 • 후춧가루 약간 • 청주 1큰술 • 물 1컵(200mL)

🍲 이렇게 만들어요

1. 브로콜리는 한 입 크기로 잘라 끓는 물에 데친다.
2. 쇠고기 등심은 얇게 썰어 소금과 후춧가루로 밑간을 한다.
3. 양파와 파프리카, 양송이버섯은 채 썬다.
4. 건고추는 어슷하게 썰고 씨를 뺀다.
5. 마늘은 얇게 편으로 썰고, 대파는 1cm로 자른다.
6. 팬에 식용유를 두르고 마늘과 대파, 건고추를 넣고 볶다가 밑간해 둔 쇠고기를 넣어 볶는다.
7. 다른 팬에 식용유를 두르고 양파와 양송이버섯, 파프리카, 브로콜리를 넣고 볶는다.
8. 7의 팬에 6의 재료를 넣고 함께 볶다가 양념을 부어 끓인다.
9. 국물이 자작해지면 전분과 참기름으로 마무리하여 밥과 함께 담는다.

브로콜리 달걀말이

🍴 이렇게 준비해요
* 2인분 기준

브로콜리 ½개(50g) • 달걀 5개 • 맛술 1큰술 • 소금 ½작은술 • 식용유 적당량

🍵 이렇게 만들어요

1. 브로콜리는 흐르는 물에 씻은 후 물기를 뺀 뒤 곱게 다진다.
2. 달걀은 잘 풀어 알끈을 없애고 소금, 맛술, 다진 브로콜리를 넣고 골고루 잘 섞는다.
3. 식용유를 두른 팬에 달걀물을 ⅓만 부어 반쯤 익었을 때 끝부분부터 말아 나머지 달걀을 부어가며 말아준다.
4. 한 김 식은 뒤 일정하게 썬다.

Tip 브로콜리가 뭉치지 않고 골고루 섞여 있어야 보기 좋다.

브로콜리 샐러드

🍶 이렇게 준비해요 *2인분 기준

브로콜리 1개(100g) • 아몬드 ½컵 • 닭가슴살 1개(100g) • 양파 ½개(100g) • 어린잎채소 30g • 소금 약간

참깨드레싱 참깨 2큰술 • 땅콩버터 2큰술 • 간장 ½큰술 • 청주 ½큰술 • 마요네즈 1큰술 • 설탕 ½작은술 • 물 4큰술

🍥 이렇게 만들어요

1. 양파는 얇게 채 썬 뒤 찬물에 담갔다 체에 밭쳐 물기를 뺀다.
2. 브로콜리는 한 입 크기로 썰고, 어린잎채소는 찬물에 담갔다 건져 물기를 뺀다.
3. 닭가슴살은 물에 삶고 식으면 먹기 좋은 크기로 찢는다.
4. 끓는 물에 소금을 넣고 브로콜리를 살짝 데친 뒤 찬물에 헹궈 물기를 뺀다.
5. 달군 팬에 아몬드를 볶는다.
6. 믹서기에 참깨와 물을 넣고 갈아 놓은 뒤 나머지 드레싱 재료와 섞어 참깨드레싱을 만든다.
7. 모든 재료를 접시에 담고 참깨드레싱을 곁들인다.

녹차양갱

이렇게 준비해요
*2인분 기준

백앙금 250g • 녹차가루 1작은술(5g) • 한천가루 1큰술 • 밤 5개 • 설탕 2큰술 • 물엿 1큰술 • 물 2컵(400mL)

이렇게 만들어요

1. 냄비에 물 2컵과 한천가루를 넣고 섞은 뒤 15분 정도 불린다.
2. 냄비를 중불에 올려 한천가루가 완전히 녹은 다음 설탕을 넣는다.
3. 설탕이 녹으면 백앙금과 물에 갠 녹차가루를 넣고 주걱으로 잘 저어가며 더 끓인다.
4. 10분가량 끓인 다음 물엿을 넣고 다시 5분가량 끓인다.
5. 물에 밤을 삶아 $\frac{1}{2} \sim \frac{1}{3}$등분 한다.
6. 틀에 밤을 담고 **4**를 부은 다음 실온에서 굳힌다.
7. 양갱이 완전히 굳으면 틀에서 꺼내어 적당한 크기로 자른다.

Tip 밤 대신에 아몬드, 호두, 잣 등의 견과류를 넣어도 맛이 좋다.

시간이 없을 때는 간편하게!
- 식이섬유소가 들어간 영양간식
- 무합성향료
- 무합성착색료

양갱농장 녹차

녹차약식

🍚 이렇게 준비해요

*2인분 기준

불린 찹쌀 2컵 • 밤 5개 • 대추 5개 • 잣 1큰술 • 은행 4개 • 설탕 1큰술 • 참기름 1큰술 • 소금 1작은술 • 녹차가루 1작은술(5g) • 식용유 적당량

시럽 설탕 ½컵(85g) • 물 ½컵(100mL)

🍃 이렇게 만들어요

1. 찹쌀은 충분히 불린 다음 김이 오른 찜통에 면포를 깔고 그 위에 얹어 30~40분 정도 찐다.
2. 밤은 껍질을 벗겨 ½등분 하여 물을 붓고 끓이다가 설탕을 넣어 조린다.
3. 대추는 씨를 빼고 3~4등분 한다.
4. 은행은 팬에 식용유를 두르고 볶아 키친타월에 싸서 비벼 껍질을 벗긴다.
5. 냄비에 녹차가루와 물, 설탕을 붓고 완전히 녹인 후 찹쌀밥, 조린 밤, 대추, 참기름, 소금을 넣어 고루 섞는다.
6. 찜통에 면포를 깔고 재료를 담아 1시간 정도 찐다.
7. 약밥이 다 쪄지면 은행과 잣을 넣어 섞은 뒤 모양 틀에 담아 모양을 낸다.

녹차죽

이렇게 준비해요
*2인분 기준

녹차가루 1작은술(5g) • 불린 쌀 1컵 • 대합 3개 • 참기름 약간 • 소금 약간 • 물 6컵(1.2L)

이렇게 만들어요

1. 쌀은 씻어서 2시간 이상 충분히 불린 뒤 물기를 뺀다.
2. 따뜻한 물 6컵에 녹차가루를 푼다.
3. 대합은 깨끗하게 손질한 후 살을 잘게 썬다.
4. 냄비에 참기름을 두르고 대합을 넣어 볶다가 불린 쌀을 넣어 잠시 더 볶고 녹차가루를 푼 물을 부어 센 불에서 끓인다.
5. 쌀알이 푹 퍼지면 5분 정도 약한 불에서 뜸을 들인다.
6. 소금으로 간을 맞춘다.

Tip 죽을 끓일 때는 바닥이 두꺼운 냄비를 사용하는 것이 좋다.

감자수프

🍲 이렇게 준비해요

* 2인분 기준

감자 2개(400g) • 양파 ½개(100g) • 물 2컵(400mL) • 버터 1큰술 • 우유 1컵(200mL) • 슬라이스 치즈 2장 • 후춧가루 약간 • 소금 약간 • 크루통 약간 • 파슬리가루 약간

🥘 이렇게 만들어요

1. 감자는 얇게 잘라서 찬물에 헹궈 전분기를 없앤다.
2. 양파는 얇게 채 썬다.
3. 버터를 두른 팬에 양파를 넣고 볶는다.
4. 양파의 숨이 죽으면 감자를 넣고 반 정도 익을 때까지 볶아준 후에 물을 넣어 재료가 푹 익을 때까지 끓인다.
5. 양파와 감자 볶은 것을 믹서기에 넣고 곱게 갈아서 냄비에 담고 우유와 치즈를 넣어 치즈가 녹을 때까지 약한 불에서 5분 정도 끓인다.
6. 수프가 걸쭉해지면 소금과 후춧가루로 간을 맞추고, 크루통과 파슬리가루를 뿌려 마무리한다.

시간이 없을 때는 간편하게!

- 용기가 따로 필요하지 않아 바쁜 시간에 간편하게 마실 수 있음. 차갑게 바로, 또는 따뜻하게 데워서 섭취하는 냉장유통제품
- 합성착향료, 합성감미료, 합성착색료, MSG를 넣지 않음

바로 마시는 감자스프

감자옹심이
미역국

🍵 이렇게 준비해요

*2인분 기준

마른 미역 손바닥만 한 크기 10g · 감자 1개(200g) · 물 3컵(600mL) · 다진 마늘 ½작은술 · 국간장 ½큰술 · 참기름 ½큰술 · 소금 약간

🍘 이렇게 만들어요

1 미역은 찬물에 불려서 바락바락 주물러 씻은 다음 먹기 좋은 크기로 자른다.
2 감자는 강판에 갈아 면포에 싸서 꼭 짠 다음 건더기는 따로 모으고 나온 물은 가만히 두어 가라앉힌다.
3 앙금이 가라앉으면 윗물은 따라내고 가라앉은 앙금과 건더기를 섞은 후 경단 모양으로 옹심이를 빚는다.
4 불린 미역은 냄비에 참기름과 국간장을 넣고 살짝 볶는다.
5 미역이 녹색으로 변하면 분량의 물을 넣고 끓인다.
6 국물이 끓어오르면 감자옹심이와 다진 마늘을 넣고 익을 때까지 끓인다. 감자옹심이가 떠오르면 불을 끈다. 싱거우면 소금으로 간을 맞춘다.

Tip 감자에 물이 많아 반죽이 잘 뭉쳐지지 않으면 감자전분을 조금씩 넣어가며 반죽한다.

감자부추전

이렇게 준비해요

*2인분 기준

감자 2개(400g) • 양파 ½개(100g) • 부추 한 움큼(75g) • 감자전분 6큰술 • 소금 약간 • 식용유 적당량

이렇게 만들어요

1. 감자는 깨끗이 씻어 껍질을 벗긴 다음 강판에 간다.
2. 부추는 깨끗이 다듬어 씻어 3cm 길이로 썬다.
3. 양파는 얇게 채 썬다.
4. 큰 볼에 감자, 부추, 양파, 감자전분, 소금을 넣고 덩어리지지 않게 반죽을 잘 섞는다.
5. 달군 팬에 식용유를 두르고 한 국자씩 반죽을 떠 넣어 노릇하게 지진다.

Tip 감자전분이 없다면 밀가루를 사용해도 되고, 부추 대신에 애호박을 넣어도 좋다.

양파피클

🍳 이렇게 준비해요 *2인분 기준

양파 2개(400g)

초절임물 물 2컵(400mL) • 설탕 1컵(170g) • 식초 1컵(200mL) • 굵은 소금 1작은술 • 피클링스파이스 $\frac{1}{2}$작은술 • 월계수잎 2장

🥄 이렇게 만들어요

1. 양파는 겉껍질을 벗겨 깨끗이 씻고 물기를 없앤 다음 한 입 크기로 썬다.
2. 소독한 유리병에 양파를 차곡차곡 담아 놓는다.
3. 분량의 초절임물 재료를 냄비에 넣고 설탕과 소금이 녹을 때까지 끓인다.
4. 유리병에 끓여놓은 초절임물을 한 김 식혀서 넣고 뚜껑을 꼭 닫은 다음 냉장고에서 1~2일 정도 숙성시킨다.

Tip 커피포트에 물을 끓여 유리 용기에 부어 준 다음 씻으면 간단하게 열탕 소독이 가능하다.

시간이 없을 때는 간편하게!

- 5색 채소로 담근 피클 단지
- 국내산 채소 사용
- 빙초산, 사카린, 합성착색료를 넣지 않음

하얀 단지

양파수프

🍴 이렇게 준비해요
*2인분 기준

양파 2개(400g) • 버터 1큰술 • 올리브유 $\frac{1}{2}$큰술 • 백포도주 $\frac{1}{2}$컵(100mL) • 닭육수 2컵(400mL) • 바게트 2쪽 • 소금 $\frac{1}{2}$작은술 • 후춧가루 약간 • 월계수잎 1장 • 모차렐라 치즈 200g

🍳 이렇게 만들어요

1. 양파는 0.4cm 두께로 곱게 채 썬다.
2. 바게트는 1cm 두께로 썰어 2쪽을 준비한다.
3. 달군 팬에 버터와 올리브유를 넣고 양파가 갈색이 날 때까지 약한 불에서 20분 정도 볶는다.
4. 양파가 갈색이 되면 백포도주와 닭육수를 붓고 월계수잎을 넣어 20분 정도 약한 불에서 끓인다.
5. 월계수잎을 건져내고 소금과 후춧가루로 간을 맞춘다.
6. 수프가 완성되면 오븐용 수프볼에 담아 바게트를 올린 다음 치즈를 뿌리고 200℃ 오븐에서 치즈가 노릇한 갈색이 될 때까지 10분간 구워낸다.

Tip 닭육수가 없으면 시판용 치킨스톡을 넣어도 좋다. 수프의 농도가 맞지 않을 때에는 박력분이나 전분으로 농도를 맞춘다.

양파토마토 소박이

🍚 이렇게 준비해요

*2인분 기준

양파 3개(600g) • 부추 ⅓단(100g) • 쪽파 2대(40g) • 다진 마늘 ½큰술 • 다진 생강 ⅓큰술 • 굵은 소금 2큰술

김치 양념 토마토 1개(100g) • 고춧가루 5큰술 • 찹쌀풀 4큰술 • 액젓 2큰술 • 설탕 ⅓큰술 • 소금 약간

🍳 이렇게 만들어요

1 양파는 둥글고 작은 것으로 골라 4~6등분 한 후에 소금을 뿌려 20분 정도 절인다.

2 양파가 절여지면 찬물에 헹군 다음 체에 받쳐 물기를 뺀다.

3 토마토는 믹서기에 곱게 간다.

4 부추와 쪽파는 1cm 길이로 송송 썬다.

5 큰 볼에 갈아놓은 토마토와 찹쌀풀, 고춧가루, 액젓, 설탕, 소금을 넣어 잘 섞은 다음 부추, 쪽파, 다진 마늘, 다진 생강을 넣고 김치 양념을 만든다.

6 양파 사이사이에 김치 양념을 채우고 밀폐용기에 담아 1~2일 정도 익히면 양파의 매운맛이 줄어들어 맛있게 먹을 수 있다.

Tip 양파김치는 익으면 매운맛이 적어지고 양파에서 시원하고 단맛이 나서 고기요리에 곁들여 먹으면 좋다. 양파는 수분함량이 높아 양념은 되직하게 만드는 것이 좋다.

무장조림

🍲 이렇게 준비해요

*2인분 기준

무 ½개(200g) • 어묵 2장(100g) • 꽈리고추 3개(25g) • 물 1컵(200mL) • 보리새우 ¼컵(8g) • 대파 ½대(10g) • 다시마 5g(5×10cm 1장) • 통후추 ⅓작은술 • 가츠오부시 2큰술(5g) • 참기름 약간 • 통깨 약간

조림장 간장 1큰술 • 맛술 ½큰술 • 설탕 ½큰술 • 다진 마늘 1작은술 • 생강즙 ½작은술

🥢 이렇게 만들어요

1. 무는 1cm 두께로 썰어 한 입 크기로 썬다.
2. 어묵은 1×5cm 길이로 썰고 꽈리고추는 꼭지를 떼어 깨끗이 씻는다.
3. 냄비에 무, 대파, 다시마, 보리새우, 통후추를 넣고 물을 부어 무가 반쯤 익을 때까지 끓인 다음 무를 건진다.
4. 국물에 가츠오부시를 넣고 불을 끈 다음 체에 따라 내어 맛국물을 만든다.
5. 냄비에 **3**의 무와 어묵, 꽈리고추를 넣고, 맛국물을 부은 후 간장, 맛술, 설탕, 다진 마늘, 생강즙을 넣고 국물이 거의 졸아들 때까지 국물을 끼얹어가며 조린다.
6. 국물이 거의 없어질 때까지 조린 후 참기름과 통깨를 뿌린다.

무나물밥

🍚 이렇게 준비해요

*2인분 기준

무 ¼개(250g) • 들기름 2작은술 • 육수 ½컵(100mL) • 소금 약간 • 다진 파 1작은술 • 다진 마늘 1작은술 • 깨소금 약간

밥   쌀 2컵(400g) • 물 2¼컵(450mL)
양념간장   간장 2큰술 • 다진 파 ½큰술 • 다진 마늘 1작은술 • 참기름 1작은술 • 깨소금 약간

🍲 이렇게 만들어요

1 무는 깨끗이 씻어 5cm 길이로 토막을 낸 뒤 0.5cm 두께로 굵게 채 썬다.
2 끓는 물에 채 썬 무를 살짝 데친 후에 체에 밭쳐 물기를 뺀다.
3 달군 팬에 들기름을 두르고 무를 볶는다.
4 무가 반쯤 익으면 분량의 육수를 넣고 뚜껑을 덮어 익힌다. 무가 익으면 소금으로 간을 하고 다진 파, 다진 마늘, 깨소금을 넣고 살짝 볶아 마무리한다.
5 밥을 고슬고슬하게 지어 볶은 무나물을 얹는다. 분량의 재료를 섞어 양념간장을 만들어 무나물밥에 비벼 먹는다.

Tip   무의 껍질에는 비타민 C가 많으므로 껍질째 먹는 것이 좋다.

무왁저지

이렇게 준비해요

* 2인분 기준

무 ¼개(250g) • 붉은 고추 1개 • 마른 새우 ½컵(20g) • 통깨 약간

육수 물 1½컵(300mL) • 북어 반 마리(50g) • 다시마 5g(5×10cm 1장)
조림 양념 간장 2큰술 • 맛술 1큰술 • 고춧가루 ½큰술 • 다진 마늘 ½큰술 • 생강즙 1작은술 • 참기름 1작은술 • 후춧가루 약간

이렇게 만들어요

1 무는 1.5×4×5cm 크기로 큼직하게 썰어 끓는 물에 반쯤 익게 삶는다.
2 냄비에 분량의 물을 부어 북어와 다시마를 넣고 끓여 조림 양념용 육수를 만든다.
3 마른 새우는 지저분한 부분을 다듬는다.
4 붉은 고추는 씨를 빼고 곱게 채 썬다.
5 분량의 재료를 섞어 조림 양념을 만든다.
6 냄비에 무를 깔고 조림 양념을 넣은 뒤 마른 새우를 얹고 육수를 부어 국물이 거의 졸아들 때까지 국물을 끼얹어가면서 조린다.
7 6에 채 썬 붉은 고추를 넣고 잠깐 조려준 다음 통깨를 뿌려 마무리 한다.

배물김치

🍲 이렇게 준비해요

*2인분 기준

배 ½개(200g) • 무 100g • 배추 50g • 미나리 20g • 쪽파 10g • 붉은 고추 1개 • 마늘 1톨 • 생강 5g

양념 소금 2큰술 • 설탕 1½큰술
김칫국물 고춧가루 1½큰술 • 물 4컵(800mL) • 소금 1작은술

🍳 이렇게 만들어요

1. 배는 2cm 크기로 나박나박하게 썰어 설탕물에 담가둔다.
2. 무와 배추는 배와 같은 크기로 썰어 소금에 절인다.
3. 미나리는 줄기 부분을 깨끗이 다듬어 2cm 길이로 썰고, 쪽파도 같은 크기로 썬다.
4. 마늘과 생강은 곱게 채 썬다.
5. 붉은 고추는 곱게 채 썰어 씨를 뺀다.
6. 소금에 절인 무와 배추를 건져내고, 설탕물에 담근 배도 건져낸다.
7. 큰 볼에 6의 재료를 넣고 손질한 쪽파와 미나리, 마늘, 생강, 붉은 고추를 넣어 양념에 버무린 후 밀폐용기에 담는다.
8. 고춧가루를 면포에 싸서 분량의 소금물에 흔들어 김칫국물을 만든 후 밀폐용기에 붓는다.
9. 상온에서 하루 정도 익힌 뒤 냉장 보관한다.

Tip 배와 함께 사과를 나박썰기하여 곁들여도 좋다.

배도라지차

이렇게 준비해요

*2인분 기준

배 1개(400g) • 도라지 3뿌리 • 물 6컵(1.2L) • 꿀 약간

이렇게 만들어요

1. 배는 껍질째 깨끗이 씻어 4등분 한 후 씨 부분을 도려낸다.
2. 도라지는 껍질째 깨끗이 비벼 씻은 후 긴 것은 반으로 자른다.
3. 냄비에 배와 도라지, 물을 넣고 약한 불에서 1시간 이상 끓인다.
4. 기호에 따라 꿀을 섞어 먹는다.

Tip 배와 도라지에 설탕을 같은 양으로 넣어 청을 만들어서 차로 마셔도 좋다.

배편육냉채

이렇게 준비해요

* 2인분 기준

아롱사태 300g • 대파 ¼대(20g) • 마늘 2톨 • 양파 30g • 통후추 2~3알 • 청주 2큰술 • 배 ½개(200g) • 양파 ¼개(50g) • 파프리카 ¼개(50g) • 미나리 30g • 밤 2개 • 굵은 실

소스 레몬즙 3큰술 • 꿀 2큰술 • 연겨자 ½작은술 • 다진 마늘 ½작은술 • 간장 ¼작은술 • 소금 약간

이렇게 만들어요

1 아롱사태는 찬물에 1~2시간 담가 핏물을 빼고 굵은 실로 감아서 모양을 잡는다.
2 냄비에 물을 붓고 끓으면 아롱사태, 대파, 마늘, 양파, 통후추, 청주를 넣고 거품을 걷어가면서 고기가 익을 때까지 중간 불에서 삶는다.
3 2의 아롱사태는 차게 식힌 다음 얇게 썬다.
4 배는 편육과 같은 크기로 썬다.
5 양파, 파프리카, 미나리, 밤은 곱게 채 썰어 찬물에 담갔다가 건져서 체에 밭쳐 물기를 뺀다.
6 분량의 재료로 소스를 만든다.
7 접시에 편육과 배를 순서대로 담고 가운데에 준비한 채소를 올린 후 소스를 곁들여 먹는다.

Tip 고기를 삶을 때 젓가락으로 찔러보아 핏물이 나오지 않으면 다 익은 것이다. 사태를 이용해도 좋다.

연근채소전

이렇게 준비해요

*2인분 기준

연근 18cm 크기 1토막(200g) • 당근 ½개(50g) • 양파 ¼개(50g) • 파프리카 ¼개(50g) • 달걀 1개 • 밀가루 2큰술 • 소금 약간 • 식용유 적당량

이렇게 만들어요

1. 당근, 양파, 파프리카는 잘게 다진다.
2. 연근은 강판에 간다.
3. 큰 볼에 연근 간 것과 밀가루, 달걀을 넣어 고루 섞은 다음 다진 채소와 소금을 넣어 반죽한다.
4. 달군 팬에 식용유를 두르고 반죽을 한 숟가락씩 떠 넣어 노릇하게 부친다.

Tip 연근의 식감을 살리기 위해서는 믹서기보다 강판을 사용해서 가는 게 좋다.

연근주먹밥

🍚 이렇게 준비해요
*2인분 기준

쌀 2컵(400g) • 밥물 2¼컵(450mL) • 연근 9cm 크기 1토막(100g) • 미나리 20g • 마른 새우 1작은술 • 김가루 2큰술

비트물 다진 비트 1큰술 • 소금 ½작은술 • 물 1컵(200mL)
밥 양념 식초 1큰술 • 설탕 2작은술 • 소금 1작은술

🥮 이렇게 만들어요

1. 밥을 고슬고슬하게 짓는다.
2. 연근은 0.3cm 정도 두께로 썰어서 냄비에 물 2~3컵을 붓고 약간 사각거릴 정도로 삶는다.
3. 미나리는 줄기 부분을 깨끗이 다듬어 끓는 물에 살짝 데친다.
4. 삶은 연근을 비트물에 넣고 색을 들인다.
5. 마른 새우는 곱게 다진다.
6. 밥이 다 지어졌으면 밥 양념 재료와 다진 새우, 김가루를 넣고 잘 섞어 주먹밥을 준비한다.
7. 주먹밥 한 덩이 위에 연근을 올려놓고 미나리로 가운데를 묶는다.

시간이 없을 때는 간편하게!

비트 & 새우, 호박고구마 & 닭가슴살, 브로콜리 & 치즈, 새송이버섯 & 오징어, 자색고구마 & 멸치 등 5색 5종이 있음

간편하게 밥에 뿌려 먹는 밥짱

연근잔멸치 조림

🍚 이렇게 준비해요 　　　　　　　　　　　　* 2인분 기준

연근 5cm 크기 1토막(50g) • 잔멸치 ½컵(20g) • 다시마 우린 물 ½컵(100mL) • 간장 1½큰술 • 올리고당 1큰술 • 맛술 1큰술 • 설탕 1작은술 • 참기름 1작은술 • 다진 마늘 ½작은술 • 식용유 ½작은술 • 통깨 약간

식초물　식초 1큰술 • 물 2컵(400mL)

🍥 이렇게 만들어요

1 연근은 껍질을 벗기고 깨끗이 씻은 다음 0.5cm 두께로 4등분 하여 썬다. 식초물에 살짝 데쳐서 찬물에 헹군 다음 물기를 뺀다.
2 달군 팬에 식용유를 두르고 잔멸치를 중간 불에서 바삭하게 볶는다.
3 팬에 다시마 우린 물과 간장, 맛술, 설탕을 넣고 보글보글 끓이다가 데친 연근을 넣고 약한 불에서 조린다.
4 연근에 간장물이 배어들었으면 볶아놓은 멸치와 다진 마늘을 넣어 고루 섞은 후에 올리고당과 참기름을 넣고 재빨리 볶는다. 마지막에 통깨를 뿌려 마무리한다.

Tip　멸치가 기름을 충분히 먹도록 중간 불에서 타지 않게 바삭하게 볶는 것이 중요하다. 오래 볶으면 간장이 타서 쓴맛이 나므로 재빨리 살짝 볶는 것이 좋다.

검은콩국수

이렇게 준비해요
*2인분 기준

불린 검은콩 4컵(500g) • 물 6컵(1.2L) • 소면 300g • 오이 ¼개(50g) • 소금 약간 • 방울토마토 2개

이렇게 만들어요

1. 검은콩은 물에 담가 충분히 불린 후 푹 삶는다.
2. 삶아 낸 콩은 믹서기에 넣고 물을 부어 곱게 간 다음 체에 거른다.
3. 소면은 끓는 물에 넣고 알맞게 삶은 뒤 찬물에 헹구어 물기를 뺀다.
4. 오이는 어슷하게 채 썰고 방울토마토는 4등분 한다.
5. 면기에 국수를 담고 콩국물을 부은 뒤 방울토마토와 오이채를 고명으로 얹는다.
6. 기호에 따라 소금으로 간을 맞춘다.

우리쌀에 5색 식품의 영양을 담다

홍국쌀, 단호박, 쑥, 연근, 흑미 등

국수잔치

검은콩곤약조림

🍚 이렇게 준비해요
* 2인분 기준

검은콩 ⅓컵(50g) • 곤약 100g(손바닥 반 정도 크기로) • 물엿 3큰술 • 통깨 약간

조림장　간장 2큰술 • 설탕 1큰술 • 맛술 1큰술 • 물 3컵(600mL) • 소금 약간

🍥 이렇게 만들어요

1　검은콩은 잡티를 골라내고 깨끗이 씻은 후 하룻밤 정도 물에 담가 불린다.
2　곤약은 1×4cm 크기로 잘라 중심에 3cm 길이로 칼집을 내고 다시 양쪽에 2cm 길이로 칼집을 낸 다음 끝을 잡고 가운데로 넣어 꽈배기 모양으로 접은 후, 끓는 물에 살짝 데친다.
3　팬에 조림장을 넣고 끓이다가 불린 콩과 곤약을 넣고 조린다. 국물이 거의 없어질 때까지 조린 후 물엿을 넣고 통깨를 뿌려 마무리한다.

Tip　곤약 대신 호두나 잣, 아몬드 등의 견과류를 넣고 함께 조려도 좋다.

검은콩쿠키

이렇게 준비해요

*2인분 기준

검은콩 50g • 설탕 4큰술 • 소금 ⅔작은술 • 박력분 2컵(240g) • 버터 100g • 설탕 80g • 베이킹파우더 3g • 달걀 노른자 2개 • 검은깨 ½작은술 • 소금 ½작은술

이렇게 만들어요

1. 검은콩은 물에 충분히 불리다가 설탕과 소금을 넣고 물을 자작하게 부어 조린 후(강한 불에서 끓어오르면 중불로 5분 정도 조린 후 위아래로 뒤석이며 약한 불에서 조린다) 체에 밭혀 물기를 빼놓는다.
2. 버터의 덩어리를 없앤 후 설탕을 넣고 섞은 다음 달걀을 2회 분할해 넣어 크림화시킨다.
3. 2에 체친 박력분과 베이킹파우더, 검은깨를 넣고 가루가 보이지 않도록 고루 섞어준다.
4. 반 정도 섞인 반죽에 조려둔 검은콩을 넣어 주걱으로 자르듯이 마저 섞는다.
5. 4에서 뭉쳐진 반죽을 길쭉하게 모양을 잡고 랩을 씌운 후 비닐에 담아 냉동실에서 굳힌다.
6. 반죽을 칼로 5mm 두께로 잘라서 오븐팬에 올려놓고, 170℃로 미리 예열된 오븐에서 10~13분간 굽는다.

시간이 없을 때는 간편하게!
7가지 곡물의 영양을 담은 촉촉한 쿠키

쿠킹쿠키 검은콩 & 검은깨

포도펀치

🍷 이렇게 준비해요 *2인분 기준

포도 1송이(300g) • 탄산수 2½컵(500mL) • 포도주 ½컵(100mL) • 꿀 약간

🍷 이렇게 만들어요

1. 포도는 깨끗이 씻어 포도알을 따서 주스기나 믹서기로 과즙을 짠다.
2. 펀치를 담을 볼에 1의 포도즙과 탄산수를 넣고 섞는다.
3. 기호에 따라 백포도주 또는 적포도주를 섞는다.

Tip 기호에 따라 준비해 놓은 포도알이나 작게 썬 배 등을 펀치볼에 담아도 좋다. 믹서기로 과즙을 짠 경우에는 체에 한 번 걸러주면 색이 곱게 나온다.

포도오이무침

🍴 이렇게 준비해요
*2인분 기준

오이 ½개(100g) • 포도알 작은 것 10개(50g) • 양파 ¼개(50g) • 대파 ¼대(20g) • 통깨 약간

무침 양념 고추장 ½큰술 • 고춧가루 ½작은술 • 다진 마늘 ½작은술 • 설탕 ½작은술 • 올리고당 ½작은술 • 참기름 ½작은술

🍲 이렇게 만들어요

1. 오이는 길이로 2등분 해서 가운데 씨를 뺀 후 1cm 굵기로 썰어 소금에 절인다.
2. 양파는 길이대로 채 썰고, 대파는 흰 부분을 골라 채 썬다.
3. 포도는 깨끗이 씻어 물기를 없앤 후에 알알이 뜯는다.
4. 큰 볼에 준비한 채소와 무침 양념을 넣고 살살 버무린다.
5. 마지막으로 포도알과 통깨를 넣어 한 번 더 버무려 그릇에 담는다.

포도과편

이렇게 준비해요
*2인분 기준

포도 1송이(300g) • 물 1½컵(300mL) • 설탕 40g • 꿀 1큰술 • 동부녹말 3큰술 • 물 3큰술 • 소금 약간

이렇게 만들어요

1. 포도는 깨끗이 씻은 다음 알맹이만 따로 떼어 으깨어 담고, 분량의 물과 소금을 넣어 불에 올린다.
2. 포도 알맹이가 흐물흐물해질 때까지 삶은 다음 고운체에 내려 과즙만 거른다.
3. 냄비에 포도과즙과 분량의 설탕을 넣어 끓이다가 동부녹말을 동량의 물에 풀어 주걱으로 저어가며 조금씩 넣어주고 중약불로 계속 저어가며 20분가량 끓인다.
4. 주걱으로 들어보아 끈적한 점성이 생기면 꿀을 넣고 1~2분가량 둔 다음 불에서 내린다.
5. 틀에 물을 바르고 높이 1cm 정도로 부어 식힌다.

Tip 동부녹말물은 한꺼번에 넣지 말고 약간 걸쭉해지는 농도가 될 정도로만 넣는다.

블루베리잼

🍴 이렇게 준비해요 *2인분 기준

냉동 블루베리 100g • 블루베리 100g • 설탕 100g • 파인애플주스 1컵(200mL) • 레몬즙 2큰술

🍳 이렇게 만들어요

1. 냄비에 파인애플주스를 넣고 ⅓ 분량이 될 때까지 조린다.
2. 냄비에 깨끗하게 씻은 블루베리와 졸인 파인애플주스, 레몬즙, 설탕을 넣고 센 불에서 끓인다.
3. 거품이 올라오면 걷어내며, 중불에서 20분 정도 주걱으로 계속 저어주면서 끈적해질 때까지 조린다.
4. 찬물에 떨어뜨려 보았을 때 퍼지지 않고 그대로 가라앉으면 다 된 것이다.
5. 잘 소독된 유리병에 담아 식힌 후 뚜껑을 닫는다.

Tip 냉동 블루베리를 사용할 경우에는 따로 해동하지 말고 바로 끓인다.

시간이 없을 때는 간편하게!

- 설탕을 넣지 않고 과일 농축액 사용, 저온농축, 급속냉각으로 맛과 영양을 살림
- 합성착향료, 착색료, 합성감미료, 산도조절제, 보존료를 넣지 않음

설탕을 넣지 않은 베리믹스잼

블루베리 스무디

이렇게 준비해요

*2인분 기준

냉동 블루베리 2컵(180g) • 우유 1컵(200mL) • 요거트 100g • 꿀 약간

이렇게 만들어요

1. 믹서기에 냉동 블루베리와 우유를 넣고 간다.
2. 1에 요거트를 넣고 섞는다. 취향에 따라 꿀을 첨가한다.

Tip 스무디를 냉동실에 넣어 얼리면 맛있는 아이스크림이 된다.

블루베리 팬케이크

🍴 이렇게 준비해요

* 2인분 기준

달걀 2개 • 우유 ½컵(100mL) • 설탕 55g • 소금 약간 • 베이킹파우더 2g • 박력분 1컵(120g) • 블루베리 50g • 버터 1큰술 • 꿀 약간

🍥 이렇게 만들어요

1. 달걀을 믹싱볼에 넣고 푼 뒤에 소금, 설탕을 넣고 거품을 낸다.
2. 1에 우유를 넣고 저어준 다음 가루를 체쳐서 넣고 반죽을 살살 섞어준다.
3. 팬에 버터를 바르고 살짝 닦은 다음 반죽을 올리고 다진 블루베리를 넣어 굽는다.
4. 팬케이크 위에 블루베리를 가득 올리고 꿀을 뿌린다.

Tip 제철의 신선한 블루베리를 넣는 게 어렵다면 냉동이나 건블루베리를 넣어도 된다. 건블루베리를 넣을 때에는 20~30g 정도를 미지근한 물에서 살짝 불리면 된다.

가지볶음밥

🍚 이렇게 준비해요

*2인분 기준

밥 2공기(400g) • 대파 ¼대(20g) • 식용유 1큰술 • 돼지고기(안심 또는 등심) 50g • 마늘 1톨 • 맛술 1큰술 • 가지 ½개(75g) • 양파 ¼개(50g) • 피망 ¼개(25g) • 소금 약간

🍘 이렇게 만들어요

1. 밥은 고슬고슬하게 짓는다.
2. 가지, 양파, 피망은 잘게 썰어 놓고, 대파, 마늘은 다진다.
3. 달궈진 팬에 식용유를 두르고 다진 대파, 마늘을 볶다가 돼지고기와 양파를 넣고 맛술을 한 큰술 넣은 다음 볶는다.
4. 3에 피망과 가지를 넣고 밥알이 흩어지도록 잘 볶은 후 소금으로 간한다.

Tip 밥을 지을 때 흑미를 넣으면 맛과 영양이 더 높아진다.

시간이 없을 때는 간편하게!

- 합성착향료, 합성감미료(아스파탐), 합성착색료, 산화방지제(에리소르빈산)를 넣지 않음
- 전자레인지에 돌려도 환경호르몬이 나오지 않는 안심 내부 코팅 패키지

가지가 듬뿍 들어간 흑미 돼지고기 볶음밥

가지소박이

이렇게 준비해요
*2인분 기준

가지 2개(300g) • 부추 10g • 양파 30g • 붉은 고추 ¼개 • 물 약간 • 소금 약간

양념 굵은 고춧가루 ½큰술 • 다진 생강 ⅓작은술 • 다진 마늘 ½작은술 • 설탕 ⅓작은술 • 매실청 1작은술 • 멸치액젓 ½작은술 • 새우젓 ½작은술 • 소금 약간

이렇게 만들어요

1 가지는 ⅓등분 해서 십(+)자 모양으로 칼집을 낸 후 끓인 소금물을 붓고 1분 정도 데친다.
2 데친 가지는 바로 찬물에 담가 식힌 뒤 살짝 짜서 물기를 뺀다.
3 분량의 양념 재료들을 섞은 다음 2의 가지 칼집 사이에 젓가락으로 살살 넣는다.
4 보관용기에 담아 실온에서 반나절 정도 익힌 후 냉장고에서 1주일 정도 숙성시킨다.

Tip 가지는 너무 오래 데치면 쉽게 물러져서 흐물흐물해진다. 가지 껍질색이 변하면서 가지의 자른 면이 살짝 파란빛이 돌 때가 가장 좋다.

가지전

🍽 이렇게 준비해요
*2인분 기준

가지 1개(150g) • 달걀 1개 • 부침가루 ½컵 • 식용유 적당량 • 붉은 고추 ½개

🥢 이렇게 만들어요

1 가지는 0.5cm 두께로 어슷하게 썰어 놓는다.
2 부침가루를 앞뒤로 살짝 묻힌다.
3 달걀은 곱게 푼 다음 다진 붉은 고추를 넣는다.
4 **2**의 가지에 **3**의 달걀옷을 입혀서 식용유를 두른 팬에 노릇하게 지져낸다.

Tip 달걀옷에 우유를 넣어주면 달걀이 잘 풀어지고 맛도 더욱 부드러워진다.

흑미누룽지탕

🍴 이렇게 준비해요

*2인분 기준

흑미밥 1공기(200g) • 돼지고기 100g • 새우(중하) 5개 • 표고버섯 2장 • 청경채 3~4잎 • 마늘 2톨 • 생강 ¼쪽 • 대파 ½대 • 굴소스 2작은술 • 간장 2큰술 • 청주 1큰술 • 설탕 1작은술 • 참기름 ½작은술 • 후춧가루 약간 • 전분물 3큰술 • 식용유 적당량

🥢 이렇게 만들어요

1. 팬에 흑미밥을 평평하게 퍼서 약한 불로 누룽지를 만든다.
2. 돼지고기는 3cm 정도로 썰어 놓고, 새우는 꼬리만 남긴 채 껍질을 깐 후 내장을 없앤다.
3. 표고버섯은 씻어 기둥을 뗀 다음 4등분 하고, 청경채는 씻어 물기를 뺀다.
4. 팬에 식용유를 두르고, 얇게 채 썬 마늘과 생강, 대파를 넣어 볶아 향을 낸 후, 간장, 청주를 넣는다.
5. **4**에 손질한 돼지고기, 새우, 표고버섯, 청경채를 넣어 볶다가 굴소스, 설탕, 후춧가루를 넣어 간을 한다.
6. 재료가 골고루 볶아지면 물 3컵을 붓고 전분물을 넣어 걸쭉하게 만든 다음 참기름을 한 방울 떨어뜨린다.
7. 깊이가 있는 튀김 냄비에 식용유를 붓고 170℃ 정도로 뜨거워지면 **1**의 누룽지를 넣어 바삭하게 튀긴다.
8. 오목한 탕기에 튀긴 누룽지를 담고, 그 위에 **6**을 부어 함께 낸다.

흑미영양찰떡

🍚 이렇게 준비해요
*2인분 기준

찹쌀가루 2컵(200g) • 밤 2개 • 설탕 2큰술 • 대추 2개 • 흑미가루 2큰술 • 잣 1큰술(30알) • 호두 5알 • 물 2~3큰술

🥢 이렇게 만들어요

1. 잣, 호두는 마른 팬에 살짝 굽는다.
2. 대추는 돌려 깎아 8등분 하고 밤은 4등분 한다.
3. 찹쌀가루, 흑미가루를 체에 내린 후 물 2~3큰술을 넣어 물주기를 한 후 체에 한 번 더 내린다.
4. 부재료와 설탕을 넣은 후 김이 오른 찜기에서 20분 정도 찐 후 5분간 뜸을 들인다.
5. 한 김 식힌 후 한 입 크기로 잘라 놓는다.

Tip 영양찰떡을 만든 다음 랩을 씌워 냉동보관하면 바쁜 아침 간단한 식사 대용으로 좋다.

흑미샐러드

🍚 이렇게 준비해요

*2인분 기준

삶은 현미 ½컵(50g) • 흑미 ½컵(50g) • 호두 ¼컵(30g) • 잣 ¼컵(30g) • 간장 1작은술 • 발사믹식초 1큰술 • 곶감 1개(25g) • 파프리카 ½개(100g) • 치커리잎 30g

간장 드레싱 올리브유 ¼컵 • 석류식초 1큰술 • 레몬즙 1큰술 • 간장 ½큰술 • 오렌지주스 ½큰술 • 머스터드 ½작은술 • 다진 마늘 1작은술 • 레몬 껍질 약간 • 후춧가루 약간

🍳 이렇게 만들어요

1. 현미와 흑미는 각각의 냄비에 물을 넉넉히 넣고 30분 정도 삶아 찬물에 헹군 다음 체에 밭쳐 물기를 뺀다.
2. 오븐 팬에 호두와 잣을 펼치고 180℃로 예열된 오븐에서 5분 정도 굽는다.
3. 곶감은 씨를 발라내고 굵게 다진다.
4. 파프리카도 굵게 다진다.
5. 분량의 재료를 섞어 간장 드레싱을 만든다.
6. 큰 볼에 삶은 현미와 흑미, 호두, 잣, 곶감, 간장, 발사믹식초를 넣고 잘 섞은 후에 냉장고에 넣어 차게 준비한다.
7. 치커리잎을 올린 다음 먹기 직전에 접시에 담아 간장 드레싱으로 골고루 뿌려 먹는다.

PART ❸

식약방食藥房
마트

5컬러 식품으로 만든
영양만점의 '엄마기준' 제품

+5 엄마가 원하는 다섯 가지는 더하고

5컬러 식품이 가지는 효능
항암, 면역력 증가, 항산화효과, 신진대사 촉진, 세포 재생

−5 엄마가 걱정하는 다섯 가지는 빼고

합성보존료, 합성착색료, 인공감미료, 트랜스지방, 유전자조작식품

피코크 엄마기준은 이마트와 숙명여자대학교 한영실 교수 식품연구실의 산학협동 프로젝트로 개발된 제품입니다.

엄마기준은 합성보존료, 합성착색료, 합성착향료 등 인공첨가물을 사용하지 않는 것을 원칙으로 합니다.

영양과 기능성이 뛰어난 5색 채소, 과일, 곡물 등을 주재료로 맛과 영양은 물론 안전하고 위생적인 제품을 만들기 위해 노력했습니다.

제품을 보관하는 용기까지도 꼼꼼하게 설계하여 데우는 음식의 경우 가열 시 환경호르몬이 나오지 않는 안심 내부 코팅 패키지를 사용하였습니다.

건강 영양밥
5색 볶음밥

| 토마토 새우 볶음밥 | 파인애플 씨푸드 볶음밥 |

간편하게 밥에
뿌려 먹는
밥짱

| 비트 & 새우 | 호박고구마 & 닭가슴살 |

영양 가득 잡곡모음
슈퍼푸드가
들어 있는 오곡

| 차수수, 팥 등 | 기장, 귀리 등 |

5색 채소로
담근 피클
단지

| 빨간 파프리카 & 구기자 | 노란 파프리카 & 유자 |

PART 3 식약방食藥房 마트   231

 피망 소고기 볶음밥
 새송이 닭고기 볶음밥
 흑미 돼지고기 볶음밥

 브로콜리 & 치즈
 새송이버섯 & 오징어
 자색고구마 & 멸치

 청태, 녹두 등
 율무, 찰보리 등
 약콩, 찰흑미 등

 오이 & 깻잎
 연근 & 양파
 자색양파

바로 마시는 수프

방울토마토, 단호박, 녹색채소, 감자, 검은콩의 영양을 그대로

| 방울토마토스프 | 단호박스프 |

짜먹는 과일잼

설탕을 넣지 않은

| 딸기잼 | 감귤잼 |

뮤즐리북

통곡물과 5색 과일을 담은

| 딸기 & 비트 | 단호박 & 복숭아 |

에너지노트

든든한 영양간식

| 크랜베리, 수수 등 | 살구, 현미 등 |

| 그린스프 | 감자스프 | 검은콩스프 |

| 키위잼 | 배잼 | 베리믹스잼 |

| 시금치 & 키위 | 코코넛 & 현미 | 블루베리 & 흑미 |

| 건청포도, 호박씨 등 | 코코넛, 아몬드 등 | 블루베리, 검은깨 등 |

국내산 재료로
만든 영양차
수다

대추차 | 둥굴레차

칼로리는 낮추고
영양은 높이고
양갱농장

딸기양갱 | 호박양갱

설탕을 넣지
않은 과일 퓨레
과일통통

딸기퓨레 | 망고퓨레

우리쌀에
5색 영양을 담은
와플미

딸기 와플 | 단호박 와플

| 쑥차 | 우엉차 | 검은콩차 |

| 녹차양갱 | 잣양갱 | 블루베리 & 팥양갱 |

| 키위퓨레 | 사워숩퓨레 | 블루베리퓨레 |

| 녹차 와플 | 우리쌀 와플 | 흑미 & 검은깨 와플 |

7가지 곡물의 영양을
가득 담은 촉촉한 쿠키
쿠킹쿠키

| 딸기 & 크랜베리 | 호박 |

소중한 우리 아기의
유기농 첫 과자
까까조아 1단계

딸기, 감자,
단호박, 흑미,
브로콜리 5종

| 1 단계 |

오감발달을 돕는
유기농 간식
까까조아 2단계

| 딸기 & 비트 | 단호박 & 감귤 |

채소, 과일, 콩, 뿌리의
영양을 그대로 담은
5색습관

| 과일 | 채소 | 뿌리 & 콩 |

우리쌀에
5색 영양을 담은
국수잔치

| 홍국쌀국수 | 단호박국수 |

PART 3 식약방食藥房 마트

녹차

코코넛

검은콩 & 검은깨

튀기지 않고
구운 영양과자
쿠킹칩

비트, 단호박,
브로콜리, 감자,
흑미 5종

5색 쿠킹칩

브로콜리 & 매실

감자 & 백포도

흑미 & 블루베리

튀기지 않고 구운
면으로 만든 삼색면
볶음면

토마토 | 카레 | 짜장

쑥국수 | 연근국수 | 흑미국수

참고문헌

1) Hwang ES, Bowen PE. 2004. Effects of Tomatoes and Lycopene on Prostate Cancer Prevention and Treatment. J. Korean Society of Food Science and Nutrition, 33(2): 455-462.

2) 한국영양학회. 2013. 내몸을 살리는 식물영양소. pp. 60-62. 도서출판 들녘.

3) Di Mascio P, Kaiser S, Sies H. 1989. Lycopene as the most efficient biological carotenoid singlet oxygen quencher. Arch Biochem Soc Trans 24: 1023-1027.

4) Heber D, Liu QY. 2002. Overview of mechanism of action of lycopene. Experimental Biology and Medicine, 227: 920-923.

5) Barrett DM, Somogyi L, Ramaswamy H. 2005. Strawberries and raspberries. In processing Fruits-Science and Technology. 2nd ed. Barret DM, CRC Press. Inc., Boca Raton, FL, USA. pp. 531-561.

6) 농촌진흥청 농식품종합정보시스템. http://koreanfood.rda.go.kr

7) Kroon P, Williamson G. 2005. Polyphenol: dietary components with established benefits to health? J Sci Food Agric 85: 1239-1240.

8) Schieber A, Hilt P, Streker P, Endre HU, Rentschlber C, Carle R. 2003. A new process for the combined recovery of pectin and phenolic compounds from apple pomace. Innovative Food Sci Emerging Technol, 4: 99-107.

9) Oh H, Kim J, Lee M. 2003. Isoflavone contents, antioxidative and fibrinolytic activities ofred bean and mung bean. Korean Journal of Society of Food and Cookery Science, 19(3): 263-270.

10) Choi Y, Kang M, Nam S. 1998. Inhibitory effectofvarious cereal and bean extracts on carcinogenicity in vitro. Korean Journal of Food Science and Technology, 30: 964-969.

11) Lee TS, Jang YM, Hong KH, Park SK, Kwon YK, Park JS, Chang SY, Kim EJ, Han YJ, Kim BS, Won HJ, Kim MC. 2005. Survey of beet red contents in foods using TLC and HPLC. J Food Hyg Safety, 20: 885-891.

12) Lee TS, Jang YM, Hong KH, Park SK, Kwon YK, Park JS, Chang SY,

Kim EJ, Han YJ, Kim BS, Won HJ, Kim MC. 2005. Survey of beet red contents in foods using TLC and HPLC. J Food Hyg Safety, 20: 885−891.

13) Pavlov A, Kovatcheva P, Tuneva D, Ilieva M, Bley T. 2005. Radical scavenging activity and stability of betalains from Beta vulgaris hairy root culture in simulated conditions of human gastrointestinal tract. Plant Food Human Nutr, 60: 43−47.

14) Lee CH, Wettasinghe M, Bolling BW, Parkin KL. 2005. Betalains, phase II enzyme−inducing components from red beetroot (Beta vulgaris L.) extracts. Nutr Cancer, 53: 91−103.

15) Jang JR, Kim KK, Lim SY 2009. Effects of solvent extracts form dried beet (Beta vulgaris) on antioxidant in cell systems and growth of human cancer cell lines. J Korean Soc Food Sci Nutr, 38: 832−838.

16) Kim JY, Lee SH, Hwang SJ, Kim GH, Eun JB. 2013. Physicochemical Characteristics and Functional Components of Mudeungsan Watermelon and the other Cultivars from Korea. KOREAN J. FOOD SCI. TECHNOL, 45(3): 345−349.

17) Tlili I, Hdider C, Lenucci MS, Riadh I, Jebari H, Dalessandro G. 2011. Bioactive compounds and antioxidant activities of different watermelon (Citrullus lanatus (Thunb.) Mansfeld)cultivars as affected by fruit sampling area. J Food Compos Anal, 24: 307−314.

18) Oms−Oliu G, Odriozola−Serrano I, Soliva−Fortuny R, Martín−Belloso O. 2009. Effects of high−intensity pulsed electric field processing conditions on lycopene, vitamin C and antioxidant capacity of watermelon juice. Food Chem, 115: 1312−1319.

19) Yook CS. 1972. Screening test on the components of the genus Zizyphus in Korea. Korean J Pharmacog, 3: 27−29.

20) Lee YG, Sho SY. 1995. Effect of jujube methanol extract on benzo(α)−pyrene induced hepatotoxicity. J Korean Soc Food Nutr, 24: 127−132.

21) Rhee YK, Kim DH, Han MJ. 1998. Inhibitory effect of Zizyphi fructus on β−glucuronidase and tryptophanase of human intestinal bacteria. Korean J Food Sci Technol, 30: 199−205.

22) Yagi A, Koda A, Inagaki N, Haraguchi Y, Noda K, Okamura N, Nishioka I. 1981. Studies on the constituents of Zizyphi fructus. IV. Isolation of an anti-allergic component, ethyl α-D-fructofuranoside from EtOH extract of Zizyphi fructus. Yakugaku Zasshi, 101: 700−707.

23) Park HJ, Lee SH, Kim HY, Jang GY, Hwang IG, Woo KS, Kwon OS. 2012. Changes in Chemical Components and Antioxidant Activity of Dried Jujube with Different Aging Temperatures and Durations. J Korean Soc Food Sci Nutr, 41(5): 591−597.

24) Kim JS, Ahn JY, Ha TY, Rhee HC, Kim SN. 2011. Comparison of Phytochemical and Antioxidant Activities in Different Color Stages and Varieties of Paprika Harvested in Korea. KOREAN J. FOOD SCI. TECHNOL, 43(5): 564−569.

25) Son YJ. 2013. A study on the manufacture of paprika (Capsicum annuum L.)-juice added stirred yogurt. Konkuk University, pp. 3−4.

26) 한국영양학회. 2011. 파이토뉴트리언트 영양학, pp. 58. 라이프사이언스.

27) Kim SY, Park GM. 2005. Relationship between Red Pepper Intake, Capsaicin Threshold, Nutrient Intake, and Anthropometric Measurements in Young Korean Women. The Korean Journal of Nutrition, 38(1): 76−81.

28) Lim KM, Yoshioka S, Kikuzzato A, Kiyonaga H, Tanaka M, Shindo, Suzuki M. 1997. Dietary red pepper ingestion increases carbohydrate oxidation at rest and during exercise in runners. Medicine and Science in Sports ad Exercise, 29: 355−361.

29) Aizawa K, Inakuma T. 2009. Dietary capsanthin, the main carotenoid in paprika (Capsicum annuum), alters plasma high-density lipoprotein-cholesterol levels and hepatic gene expression in rats. Brit. J. Nutr, 102: 1760−176.

30) Maoka T, Enjo F, Tokuda H, Nishino H. 2004. Biological function and cancer prevention by paprika carotenoids. Foods Food Ingred. J.Jpn. 209: 203−210.

31) Oh SL, Kim SS, Min BY, Chung DH. 1990. Composition of free sugars free amino acids non volatile organic acids and tannins in the extracts of L. chinensis M., A. acutiloba K.,S. chinensis B. and A. sessiliflorum S. Korean J Food Sci Technol, 22: 76-81.

32) Park S. 1999. Effect of ethanolic extract of Schizandra chinensis for the delayed ripening Kimchi preparation. Chungnam National University, pp. 1-2.

33) 한국영양학회. 2013. 내몸을 살리는 식물영양소. pp. 111-113. 도서출판 들녘.

34) Shin JA, Choi YM, Lee KT. 2015. β-Carotene Content in Selected Agricultural Foods. J Korean Soc Food Sci Nutr, 44(3): 418-424

35) Ulrike Heinrich, Christine Ga rtner, Mathilde Wiebusch, Olaf Eichler, Helmut Sies, Hagen Tronnier, Wilhelm Stahl. 2000. Supplementation with-Carotene or a Similar Amount of Mixed Carotenoids Protects Humans from UV-Induced Erythema. J. Nutr, 133(1).

36) Choi JH. 2012. Processing Optimization and Quality Characteristics of Doughnut prepared with pumpkin(Cucurbita moschata Duchesne) Powder. Sookmyung university, pp. 4-5.

37) Park MJ, Jung Y, ,Han JS. 2001. Antioxidative activity of mustard leaf Kimchi added green tea and pumpkin powder. Korean J. Soc. Food Sci. Nutr, 30(6): 1053-1059.

38) Tsai S, Shiau L, Lin J. 1999. Suppression of Nitric Oxide Synthase and the down-regulation of the Activation of NFκB in Macrophages by Resveratrol",British Journal of Pharmacology, 126(3): 673-680.

39) 염원상. 2004. 운동선수의 비타민 B .C복합체 및 비타민 E섭취 후 피로도 전해질 면역 체계에 미치는 영향, 한국스포츠리서치, 16(6): 2181-2192.

40) Lee OJ. 2009. The Effectof Self-Care Program for Hypertension Out patientsina General Hospita. Chonbuk National University, pp. 3-4.

41) Kwon SM. 2010. Development of Processed Food Utilizing Pumpkin Sweet Potatoes. Hanseo University, pp. 1-3.

42) 농촌진흥청 농식품종합정보시스템 http://koreanfood.rda.go.kr/kfi/

fct/fctFoodSrch/list

43) Jeong BC, Ahn YS, Chung MN, Lee JS, Oh YH. 2002. Current status and prospest of quality evaluation in sweetpotato. Koraen J. Crop Sci, 47: 124-134.

44) Kang SK, MJ Jang, YD Kim. 2006. A study on the flavor constituents of the citron (Citrus junos). Kor. J. Food Preserv, 13(2): 240-210.

45) Park JH. 2008. Anti-diabetic and anticancer effects of peel of Citrus junos and Poncirus trifoliate. Dongeui university, pp. 4-8.

46) National Rural Living Science Institute. 2002. RDA. Food Composition Table 48, Six Revision.

47) Kim JD. 2011. A Study on the Origin and Effect of Cone. Korean Agricultural History Association, 10(2): 49-85.

48) Plate AYA, Gallaher DD. 2005. The potential health benefits of corn components and products. Cereal Foods World, 50: 305-314.

49) Jeon HS, Chung IM, Ma KH, Kim EH, Yong SJ, Ahn JK. 2011. Analysis of phenolic compounds in Sorghum, foxtail millet and common millet. Kor. J. Crop Sci, 56(4): 361-374.

50) Ko JY, Woo KS, Lee, JS, Jung TW, Yun YH. 2014. Physico-chemical Quality Characteristics and Antioxidant Activities of 'Omegidduk'by Glutinous Foxtail Millet Varieties. J. Agr. Sci. Chungbuk Nat'l Uvi, 30(2): 194-198.

51) Lee MH, Jang HG, Yoo YJ. 2005. Effect of the Millet and Waxy on Properties of White Layer Cake. J Korean Soc Food Sci Nutr, 34(3): 395-402.

52) Wannissorn B, Jarikasem S, Siriwangchai T, Thubthimthed S. 2005. Antibacterial properties of essential oils Thai medicinal plants. Fitoterapia, 76: 233-236.

53) Doeman HJ D, Kosar M, Kahlos K, Holm Y, Hiltunen R. 2003. Antioxidant properties and composition of aqueous extracts from Mentha species, hybrids, varieties.

54) Jang IC, Oh WG, Ahn GH, Lee JH, Lee SC. 2011. Antioxidant activity of 4 cultivars of persimmon fruit. Food Sci. Biotechnol, 20(1): 71-77.

55) Jeong HJ. 2015. Studies on functional properties of fermented persimmon sludge. Yeungnam University, pp. 1-3.

56) Granado-Serrano AB, Martin MA, Goya L, Bravo L, and Ramos S. 2009. Time-course regulation of survival pathways by epicatechin on HepG2 cells. J. Nutr. Biochem, 20: 115 - 124.

57) Jeon JA. 2007. Analysis of Lipid and Fatty acids Compositons in Walnut. Hankyong National University, pp. 1-2.

58) Kim MK, Kim JS, Jo BS, KimJH, Lee IC, Lee MS, Cho YJ. 2011. Functional Properties of Walnut in Cosmetics. Journal of Life Science, 21(6): 858-864.

59) 한국영양학회. 2013. 내 몸을 살리는 식물영양소, pp. 85-87, 도서출판 들녘.

60) Makoto Saito, Harubumi Kato, Takaaki Tsuchida, Chimori Konaka. 1994. Chemoprevention effects on bronchial squamous metaplasia by folate and vitamin B12 in heavy smokers. J. Chest, 106(2): 496-505.

61) José A Luchsinger, MX Tang, Joshua Miller, Ralph Green, Richard Mayeux. 2007. Relation of higher folate intake to lower risk of alzheimer disease in the elderly. Arch Neurol, 64: 86-92.

62) Cho YH, Chiang MH. 2007. Essential oil composition and antibacterial activity of artemisia capillaries, artemisia argyi, and artemisia princeps. Kor. J. Intl. Agri, 13(4): 313-320.

63) Sarah L Booth, Kerry E Broe, David R Gagnon, Katherine L Tucker, Marian T Hannan, Robert R McLean, Bess Dawson-Hughes, Peter WF Wilson, L Adrienne Cupples, Douglas P Kiel. 2003. Vitamin K intake and bone mineral density in women and men. J. Clin Nutr, 77: 512-516.

64) Zhang Y, Talalay P, Cho CG, Posner GH. 1992. A major inducer of anticarcinogenic rotective enzymes from broccoli:Isolation and elucidation of structure. Proc. Natl. Acad. Sci. USA, 89: 2399-2403.

65) Cho SJ, Chung SH, Suh HJ, Kang DH, Yang HC, Lee HO. 1994. Purification and characterization of a pretense actinidin isolated from Cheju kiwifruit. Korean J Food & Nutr, 7(2): 87-94.

66) Kim MJ, Rhee SJ. 1994. Effects of Korean green tea, oolong tea and black tea beverage on the removal of cadmium in rat. J. Korean Soc. Food Nutr, 23: 784-791.

67) Liao SS, Hiipakka RA. 1995. Selective-inhibition of steroid 5 α-reductase isozymes by tea epicatechin-3-gallate and epigallocatechin-3-gallate. biochem biophy research communications, 214: 833-838.

68) Choo JJ. 2003. Green tea reduces body fat accretion caused by high-fat diet in rats through β -Adrenoceptor activation of thermogenesis in brown adipose tissue. J. Nutritional Bioche, 14(11): 671-676.

69) Kim SY. 2007. 매실추출물의 섭취가 흰쥐에서 운동부하를 통한 피로 유발 후 피로회복에 미치는 영향. 연세대학교 석사학위논문.

70) Park KH. 2001. Studies on the optimization of fermentation condition for the production of cucumber vinegar. MS Thesis. Kyunghee University, Seoul, Korea, pp. 1-7.

71) Korean Ministry for Food, Agriculture, Forestry and Fisheries. 2009. Present condition for greenhouse of vegetable grown in facilities and production record of vegetable in 2008, p. 92.

72) Cui Y, Morgenstern H, Greenland S, Tashkin DP, Mao JT, Cai L, Cozen W, Mack TM, Lu QY, Zhang ZF. 2008. Dietary flavonoid intake and lung cancer - a population-based case-control study. Cancer, 112(10): 2241-2248.

73) Gonzalez O, Fontanes V, Raychaudhuri S, Loo R, Loo J, Arumugaswami V, Sun R, Dasgupta A, French SW. 2009. The heat shock protein inhibitor quercetin attenuates hepatitis C virus production. Hepatology, 50(6): 1756-1764.

74) 건강기능식품의 기준 및 규격 일부 개정안. 2010. 10. 12 개정

75) Lee OJ, Lee JJ, Lee MY, Lee HJ. 2012. Effects of baked garlic powder on lipid metabolism in rats fed a high-fat/high-cholesterol diet. J Korean Soc Food Sci Nutr, 41(1): 49-56.

76) Strazzullo P, Barba G, Cappuccio FP. 2010. Potassium intake, stroke, and cardiovascular risk: A meta-analysis of prospective studies.

American heart association's nutrition, physical activity and metabolism conference. San Francisco, CA, USA.

77) Park JS, Kim JS, Park JH, Park SJ, Cho HS, Hong EK. 2003. Effect of herbal extract on nicotine degradation. KSBB, 18(3): 239-242.

78) Kwon SI, Lee H, An CS. 2007. Differential expression of three catalase genes in the small radish (*Rhaphanus sativus* L. var. sativus). Mol Cells, 24(1): 37-44.

79) Kim EM. 2002. Effect of mixing condition of pear protease and others from some plants on decomposition of muscle proteins. Hankying University, Master thesis. Pyungtack, Korea, pp. 1-36.

80) 농촌진흥청. 2006. 한국산 배의 건강 기능성 소재로서의 가능성 연구 보고서, pp. 5-149.

81) Yang MH, Park CH, Kim DJ, Jeong HS. 2005. Antimutagenic and anticarcinogegnic effects of Korean pears. Cancer Preven Res, 10: 124-127.

82) Song KJ. 2012. The effect of lotus root to ameliorate AD-like pathology of Tg-APPswe/PS1dE9 mice. Doctorate dissertation. Dongguk University. Seoul, Korea, pp. 1-33.

83) Jang MJ. 2015. Effects of lotus-derived constituents on learning and memory activity of scopolamine-induced mice. Master thesis. Seoul University. Seoul, Korea, pp. 1-70.

84) McAuley JL, Linden SK, Png CW, King RM, Pennington HL, Gendler SJ, Florin TH, Hill GR, Korolik V, McGuckin MA. 2007. MUC1 cell surface mucin is a critical element of the mucosal barrier to infection. J Clin Invest, 117(8): 2313-2324.

85) Nguyen HH, Aronchik I, Brar GA, Nguyen DH, Bjeldanes LF, Firestone GL. 2008. The dietary phytochemical indole-3-carbinol is a natural elastase enzymatic inhibitor that disrupts cyclin E protein processing. Proc Natl Acad Sci USA, 105(50): 19750-19755.

86) Moiseeva EP, Fox LH, Howells LM, Temple LA, Manson MM. 2006. Indole-3-carbinol-induced death in cancer cells involves EGFR downregulation and is exacerbated in a 3D environment. Apoptosis, 11(5): 799-812.

87) Munday R1, Mhawech-Fauceglia P, Munday CM, Paonessa JD, Tang L, Munday JS, Lister C, Wilson P, Fahey JW, Davis W, Zhang Y. 2008. Inhibition of urinary bladder carcinogenesis by broccoli sprouts. Cancer Res, 68(5): 1593-1600.

88) 서화중, 김영수, 김경수, 정두례. 1994. 마늘즙 투여가 흰쥐의 수은 독성에 미치는 영향. 한국영양식량학회지, 23(6): 908-915.

89) 김성기, 배은상, 차철환. 1984. 마늘이 백서의 카드뮴 중족에 미치는 영향. 고려의기대잡지, 21(1): 65-76.

90) 곽충실, 임수진, 김성애, 박상철, 이미숙. 2004. 한국산 메밀, 수수, 기장, 율무의 항산화 효과 및 돌연변이억제효과. 한국식품영양과학회지, 33(6): 921-929.

91) 류혜숙, 김현숙. 2005. 율무 추출물이 마우스 면역세포 활성에 미치는 영향. 대한영양사협회 학술지, 11(1): 44-50.

92) 박진영, 양미자, 전혜승, 이진희, 배희경, 박태선. 2003. 현미 및 율무 함유 생식이 영양불균형이 유도된 흰쥐의 체내 지질농도, 항산화체계 및 면역기능에 미치는 영향. 한국식품영양과학회지, 32(2): 197-206.

93) 박주헌, 이경원, 성기승, 김성수, 조경동, 이복희, 한찬규. 2012. 율무와 꾸지뽕잎 혼합물이 고지방식이를 급여한 흰쥐의 체지방 및 혈청 지질농도에 미치는 영향. 한국식품영양과학회지, 41(7): 943-949.

94) 한국영양학회. 2011. 파이토뉴트리언트 영양학, pp. 273-274. 라이프사이언스.

95) 한국영양학회. 2013. 내 몸을 살리는 식물영양소, pp. 153-157. 도서출판 들녘.

96) Yeung F, Hoberg JE, Ramsey CS, Keller MD, Jones DR, Frye RA, Mayo MW. 2004. Modulation of NF-B-dependent transcription and cell survival by the SIRT1 deacetylase. EMBO J, 23(12): 2369-2380.

97) 전희영, 김승훈, 김채욱, 신현정, 서대방, 이상준. 2011. In vitro 및 in vivo에서 검은콩 추출물의 육모 효과. 한국식품과학회지, 43(5): 747-753.

98) 박혜윤, 김수나, 강병하, 이존환. 2010. 검은콩, 밀, 쌀겨 추출물이 모발의 성장과 물리적 특성에 미치는 효과. 한국한의학연구원논문집, 16(3): 167-173.

99) 이점숙, 김홍희. 2005. 검은콩 섭취가 모발관리에 미치는 영향. 대한미용학회지, 1(1): 77-90.
100) 주은영, 박찬성. 2010. 검은콩의 품종에 따른 콩과 청국장 추출물의 항산화능 및 혈전용해능. 한국식품저장유통학회지, 17(6): 874-880.
101) 김용호, 김동선, 우성식, 김현희, 이영상, 김희선, 고광오, 이석기. 2008. 검정콩 안토시아닌의 항산화 및 암세포 독성. 한국작물학회지, 53(4): 407-412.
102) 한국영양학회. 2011. 파이토뉴트리언트 영양학, pp. 180-188. 라이프사이언스.
103) Philippe Marambaud1, Haitian Zhao, Peter Davies. 2005. Resveratrol Promotes Clearance of Alzheimer"s Disease Amyloid-Peptides. J Biochem Chem, 280(45): 37377-37382.
104) Schmidt BM, Howell AB, McEniry B, Knight CT, Seigler D, Erdman JW Jr, Lila MA. 2004. Effective separation of potent antiproliferation and antiadhesion components from wild blueberry (Vaccinium angustifolium Ait.) fruits. J Agric Food Chem, 52(21): 6433-6442.
105) X. Wu, J. Kang, C. Xie, R. Burris, M. E. Ferguson, T. M. Badger, S. Nagarajan. 2010. Dietary Blueberries Attenuate Atherosclerosis in Apolipoprotein E-Deficient Mice by Upregulating Antioxidant Enzyme Expression. Journal of Nutrition, 140(9): 1628 DOI: 10.3945/jn.110.123927.
106) Devore EE, Kang JH, Breteler MMB, Grodstein F. 2012. Dietary intakes of berries and flavonoids in relation to cognitive decline. Annals of Neurology, 72(1): 135-143.
107) 김현영, 조윤주, Yamabe Noriko, 조은주. 2011. 가지(Solanum melongena L.) 활성물질의 라디칼 소거능과 산화적 스트레스에 대한 세포 보호 효과. 농업과학연구, 38(4): 625-629.
108) 한국영양학회. 2013. 내 몸을 살리는 식물영양소. 들녘.
109) Noda Y, Kneyuki T, Igarashic K, Moria A, Packera L. 2000. Antioxidant activity of nasunin, an anthocyanin in eggplant peels. Toxicology, 148(2-3): 119-123.
110) 이혜정, 장재선, 최은영, 김용호. 2008. 흑미의 추출조건에 따른 안

토시아닌 함량과 첨가물에 따른 색소 안전성. 한국식품영양학회지, 21(2): 127-134.

111) Sun Phil Choi, Sung Phil Kim, Mi Young Kang, Seok Hyun Nam, Mendel Friedman. 2010. Protective Effects of Black Rice Bran against Chemically-Induced Inflammation of Mouse Skin. Journal of Agricultural and Food Chemistry, 58(18): 10007 DOI: 10.1021/jf102224b.

112) 최용순, 안철, 심호흠, 최면, 오상룡, 이상영. 1992. 인스탄트 메밀국수가 백서의 소화흡수율, 간장 및 혈청지질 농도에 미치는 영향. 한국식품영양과학회지, 21(5): 478-483.

113) 최면, 김종대, 박경숙, 오상용, 이상영. 1991. 메밀보충급여가 백서의 혈당 및 혈압에 미치는 영향. 한국영양식량학회지, 20(4): 300-305.

114) 농촌진흥청 농식품종합정보시스템. http://koreanfood.rda.go.kr

115) 성인숙, 김명주, 조수열. 1997. 도토리추출물이 흰쥐의 체내 지질대사에 미치는 영향. 한국식품영양과학회지, 26(2): 327-337.

116) 육근정, 이혜진, 김미경. 2002. 밤과 도토리의 과육 및 내피가 흰쥐의 지방대사, 항산화능 및 항혈전능에 미치는 영향. 한국영양학회지, 35(2): 171-182.

117) 김정인, 김정상, 김종원, 임화재. 2002. 복분자 추출물과 그를 함유한 혈당강하용 조성물. 한국특허정보원. 1020020029033.

118) 윤인, 위지향, 문제학, 안태희, 박은형. 2003. 복분자 열매에서 항산화성을 지닌 quercetin의 분리 및 동정. 한국식품과학회지, 35(3): 499-502.

119) 정명근, 임정대. 2012. 복분자 안토시아닌 분획의 항산화, 항암 및 면역증진 효과. 한국약용작물학회, 20(4): 259-269.

120) Singh, Ma LQ, Srivastava M, Rathinasabapathi B. 2006. Metabolic adaptations to arsenic-induced oxidative stress in Pteris vittata L and Pteris ensiformis L. Plant Science, 170: 274-282.

121) Kweon MH, Sung HC. 1996. Structural Comparison in the Four Anti-complementary Polysaccharides Isolated from Pteridium aquilinum var. latiusculum (Bracken). Food Science and Biotechnology, 5(2): 136-141.

122) 박현애, 권미향, 한형미, 성하진, 양한철. 1998. 고사리 단백다당이 마우스 면역활성에 미치는 영향. 한국식품영양과학회지, 30(4): 976-982.

123) 윤채영, 송미란, 이서래. 1988. 고사리 Thiamine 분해능에 영향을 미치는 조리조건의 영향. 한국식품과학회지, 20(6): 801-807.

124) 나경민, 한호석, 예수향, 김현구. 2004. 결명자 추출물의 추출특성 및 항산화 효과. 한국식생활문화학회지, 19(5): 499-505.

125) 변에리사, 정길생, 안인파, 리빈, 이동성, 고은경, 윤권하, 김윤철. 2007. 결명자의 타크린으로 유발한 간 세포독성 보호 성분. 생약학회지, 38(4): 400-402.

126) 김형석. 2010. 決明子가 망막색소 상피세포에서 혈관 내피세포 성장인자 발현에 미치는 영향. 경원대학교 한의과대학 석사학위논문.

127) 차선숙. 2001. 결명자의 항산화 작용에 관한 연구. 조선대학교 식품영양학 석사학위논문.

찾아보기

ㄱ
가지 67
가지볶음밥 214
가지소박이 216
가지전 218
감 36
감자 52
감자부추전 170
감자수프 166
감자옹심이미역국 168
검은색 식품 62
검은콩 64
검은콩곤약조림 198
검은콩국수 196
검은콩쿠키 200
결명자 73
고구마 31
고구마맛탕 128
고구마스무디 124
고구마옥수수전 126
고사리 72
귤 30
귤연두부샐러드 118
귤잼 120
귤컵케이크 122
깻잎 49

ㄴ
노란색 식품 26
녹차 44
녹차약식 162
녹차양갱 160
녹차죽 164

ㄷ
단호박 29
단호박꿀조림 116
단호박수프 112
단호박찰밥 114
당근 28
당근머핀 106
당근파인애플볶음밥 110
당근피클 108
대추 22
도라지 60
도토리 70
딸기 17
딸기슬러시 84
딸기카나페 86
딸기타르트 82

ㄹ
라이신 19
라이코펜 16
레몬 35
리그난 25

ㅁ
마늘 58
매실 45
메밀 69
무 54
무나물밥 180
무왁저지 182
무장조림 178

ㅂ
배 55
배도라지차 186
배물김치 184
배편육냉채 188
보르쉬 102
복분자 71
봄동사과겉절이 90
부추 47
붉은 고추 24
브로콜리 42
브로콜리달걀말이 156
브로콜리덮밥 154
브로콜리샐러드 158
블루베리 66
블루베리스무디 210
블루베리잼 208
블루베리팬케이크 212
비트 20
비트수프 102
비트오이피클 100
비트찰떡 104
빨간색 식품 14

ㅅ
사과 18
사과탕수육 88
사과호두샐러드 92
상추 48
수박 21
시금치 40
시금치수프 136
시금치잡채 140

시금치조개된장국 138
쑥 41
쑥버무리 144
쑥영양밥 142

ㅇ

안토시아닌 19, 68
애탕 146
양배추 57
양파 53
양파수프 174
양피토미토소박이 170
양파피클 172
연근 56
연근잔멸치조림 194
연근주먹밥 192
연근채소전 190
오미자 25
오이 46
옥수수 33
우엉 59

유자 32
유자삼치구이 134
유자스콘 132
유자주머니 130
율무 61

ㅊ

차조 34
찹쌀팥떡 96
초록색 식품 38

ㅋ

카로티노이드 28, 29
키위 43
키위샐러드 152
키위잼 148
키위케일주스 150

ㅌ

토마토 16
토마토부르스케타 78

토마토새우볶음밥 76
토마토수프 80

ㅍ

파프리카 23
팥 19
팥젤리 98
팥죽 94
포도 65
포도과편 206
포도오이무침 204
포도편치 202

ㅎ

하얀색 식품 50
호두 37
흑미 68
흑미누룽지탕 220
흑미샐러드 224
흑미영양찰떡 222

식약방食藥房

1판 1쇄 발행 2015년 12월 1일
1판 7쇄 발행 2016년 6월 25일

지은이 | 한영실 진소연 심기현 김명현 정이지 조영심
발행인 | 유제구
발행처 | **파워북**
주　소 | 경기도 고양시 일산동구 호수로 358-25
　　　　 동문굿모닝타워2차 529호
전　화 | (02) 730-1412
F A X | (031) 908-1410
등　록 | 1997. 1. 1 제 300-1997-13
편　집 | 북스북스(hynho3196@nate.com)

정가 9,500원
ISBN 978-89-8160-263-5(03590)

잘못된 책은 바꿔드립니다.